ANTONIO VOLANTI

PROTEZIONE DEL PATRIMONIO

Strategie Legali e Fiscali per Preservare

le Tue Proprietà e il Tuo Patrimonio

Titolo

"PROTEZIONE DEL PATRIMONIO"

Autore

Antonio Volanti

Editore

Bruno Editore

Sito internet

http://www.brunoeditore.it

Sommario

Introduzione

Può accadere a tutti che, nello svolgimento della propria attività professionale e commerciale, qualcosa non vada nel verso giusto e oltre ad essere compromesso il lavoro si rischia di perdere i beni personali e in primo luogo gli immobili o le partecipazioni societarie di cui si è proprietari.

Infatti, il continuo sviluppo dei rapporti sociali e commerciali e la maggiore attenzione che si deve porre nel gestire gli eventi che accadono sia nella vita personale che in quella professionale o imprenditoriale ha fatto sorgere il bisogno di affrontare tempestivamente e correttamente la problematica della protezione del patrimonio.

Pertanto, una decisione non attentamente ponderata oppure non adottata per tempo potrebbe avere pesanti ripercussioni non solo sull'attività, ma anche sui beni che possediamo.

Esistono, quindi, delle strategie che possiamo adottare per eliminare o quantomeno limitare i rischi. La prima di esse, consiste nello scegliere la forma societaria per svolgere l’attività d’impresa. Già questa decisione consente di eliminare una prima “fetta” di rischi.

Altra situazione potenzialmente pericolosa è quella del professionista che è sempre soggetto al rischio di dover risarcire un proprio cliente per un errore commesso, come nel caso del medico che sbaglia un intervento chirurgico o dell’avvocato che dimentica un termine processuale di decadenza.

Per tutelarci da tali rischi, al momento del matrimonio sarà consigliabile adottare il regime patrimoniale della separazione dei beni, per proteggere il patrimonio del coniuge o, in caso di successione ereditaria, rinunziare all’eredità in favore dei propri figli. Cosa fare, invece, se abbiamo delle proprietà e vogliamo salvaguardarle? Esistono dei mezzi perfettamente legali che possiamo adottare per mettere al sicuro i beni di valore più elevato.

Questo corso si prefigge di fornire le informazioni necessarie per pianificare in modo consapevole e ponderato la protezione del nostro patrimonio. Poiché, però, l'ideazione e la realizzazione di ogni attività d'impresa fanno storia a sé, questo corso non può sostituire l'indispensabile consulenza di professionisti quali l'avvocato, il commercialista, il notaio, il fiscalista ecc. che devono accompagnarci nel percorso che conduce alla scelta della corretta strategia di protezione.

Infatti, se non possediamo le giuste competenze giuridiche, contabili, fiscali ecc. è bene avvalerci della consulenza fornita da professionisti preparati.

Risparmiare su questo fronte, potrebbe costarci caro in termini di rischi assunti in modo inconsapevole o, al contrario, in termini di scelte eccessivamente dispendiose rispetto all'obiettivo di protezione. In questo senso anche i modelli che troviamo in appendice costituiscono degli esempi illustrativi e non possono essere utilizzati senza l'ausilio dei vostri consulenti che sapranno adattarli al singolo caso concreto.

CAPITOLO 1:
Quando e perché proteggere il patrimonio

Prima di addentrarci a illustrare quali siano le migliori strategie per proteggere i propri beni, occorre, ovviamente, spiegare quando e perché sia necessario porsi il problema.

Innanzitutto, come abbiamo già accennato, la sempre maggiore complessità delle vicende che accadono nella vita personale, professionale e imprenditoriale ha fatto nascere in tutti coloro che intendono assumere e gestire i rischi che si presentano, l'esigenza di pianificare in modo adeguato e consapevole una strategia che li ponga il più possibile al riparo dalle criticità che si presenteranno. Al riguardo, il codice civile stabilisce che ogni debitore risponde dei propri debiti con tutti i beni presenti e futuri.

SEGRETO n. 1: per stabilire la migliore strategia di protezione del proprio patrimonio occorre ricordare che la legge prevede che ogni debitore risponda dei propri debiti con

tutti i beni presenti e futuri.

Ma quali sono questi debiti? Sono innanzitutto quelli che assumiamo consapevolmente ogni giorno sia in ambito personale che in quello professionale/imprenditoriale.

Assumiamo debiti quando acquistiamo un'autovettura mediante un finanziamento a rimborso rateale, oppure quando ordiniamo la merce o un macchinario necessari per lo svolgimento dell'attività d'impresa con pagamento posticipato.

In tutti questi casi, le obbligazioni assunte derivano da un contratto stipulato con un nostro creditore: contratto di acquisto dell'autovettura e di contestuale finanziamento; ordine di acquisto della merce; contratto di costruzione e posa in opera del macchinario ecc.

Rientrano in quest'ambito anche i debiti risarcitori che derivano da un inadempimento contrattuale come ad esempio nel caso di mancato pagamento della merce ordinata o di colpa professionale del medico o dell'avvocato che siano incorsi in un errore professionale verso il proprio cliente (responsabilità contrattuale).

Un caso purtroppo frequente, è quello del risarcimento del danno che il datore di lavoro è tenuto a pagare al proprio dipendente che sia incorso in un infortunio per il caso in cui non abbia adottato tutte le cautele richieste dalla normativa sulla sicurezza sui luoghi di lavoro.

Le obbligazioni possono essere assunte anche per atto unilaterale, cioè senza che vi sia alla base un contratto con il creditore: è il caso della vecchia cara cambiale che, per la crisi attuale, sta trovando nuova applicazione nel campo dei pagamenti commerciali e che comporta l'assunzione di un impegno da parte del solo debitore di pagare a una certa data la somma indicata sul titolo.

SEGRETO n. 2: una prima categoria di obbligazioni sono quelle che derivano da contratti che abbiamo stipulato o da impegni unilaterali che abbiamo assunto.

Un'altra tipologia di debiti dei quali occorre tenere conto sono quelli che derivano dall'obbligo di risarcire il danno causato a terzi (responsabilità civile).

A differenza della responsabilità contrattuale vista sopra, nella responsabilità civile non esiste un precedente rapporto tra creditore e debitore. Incorriamo in detta responsabilità quando causiamo danni a terzi per una condotta colposa, cioè involontaria, oppure per una condotta dolosa, cioè volontaria.

Un caso frequente è quello del danno derivante da un sinistro stradale nel quale, ad esempio, alla guida del veicolo aziendale abbiamo urtato un altro veicolo o investito una persona per aver colposamente (cioè magari per imprudenza) violato il codice della strada. In quel caso, risponderà del danno non solo il conducente ma anche la società alla quale è intestato l'autoveicolo.

Oppure nel caso del professionista, l'accompagnatore del cliente che, scivolando sul pavimento dello studio appena lavato, chieda il risarcimento del danno fisico subito.

SEGRETO n. 3: una seconda categoria di obbligazioni sono

quelle che derivano dalla responsabilità civile e cioè il risarcimento del danno causato dal comportamento colposo o doloso.

Altra ipotesi è quella dai danni derivanti da prodotti difettosi. Infatti, esiste una normativa di derivazione comunitaria che prevede la responsabilità oggettiva del produttore per i danni cagionati al consumatore o ai suoi beni da un prodotto difettoso da lui realizzato.

Si tratta, peraltro, di una responsabilità particolare perché prescinde dalla colpa del produttore il quale risponde del danno per il solo fatto di aver prodotto il bene che ha causato il danno.

Tale responsabilità è chiamata oggettiva proprio perché prescinde dalla colpa del soggetto. Inoltre il datore di lavoro è responsabile anche nel caso di danni causati dal proprio dipendente. Più in generale tale responsabilità si riscontra nel compimento di attività pericolose per i terzi: pensiamo alla produzione e distribuzione di energia elettrica ad alta tensione, alla produzione e alla distribuzione del metano, a tutte le attività che hanno a che fare con le armi e gli esplosivi, alle attività edilizie e ai lavori stradali, alla caccia, allo sci nautico, alla gestione di una scuola di equitazione o di una pista di go-kart ecc.

SEGRETO n. 4: esistono dei casi (responsabilità oggettiva) nei quali il soggetto è tenuto al risarcimento del danno anche se non è sua colpa come nel caso dei prodotti difettosi e in generale per le attività pericolose.

In tutti questi casi, il debitore, come già illustrato, è tenuto a pagare i debiti o il risarcimento dei danni con tutti i suoi beni che già si trovano o che entreranno nel proprio patrimonio. Ma che cosa s'intende per patrimonio?

Il patrimonio è l'insieme composito di beni che hanno un valore economico e che è riconducibile a un soggetto, sia esso persona fisica oppure un ente (società, associazione, fondazione ecc.). Possono fare parte del patrimonio beni mobili (un quadro, un libro, un'autovettura) e beni immobili (un appartamento); beni materiali (i beni che si sono citati subito prima) o immateriali (il diritto di autore su un romanzo scritto, il brevetto di un'invenzione, il marchio di un prodotto).

Ciascun soggetto ha, quindi, un unico patrimonio (anche se composto di più beni) che rappresenta l'unitaria garanzia per i suoi creditori che potranno rivalersi sui beni che lo compongono.

A questa regola esistono, però, delle eccezioni che vedremo nei capitoli successivi.

SEGRETO n. 5: ciascun soggetto (persona fisica o ente) ha, di regola, un unico patrimonio (anche se composto da più beni) che rappresenta l'unica e unitaria garanzia dei suoi creditori che su di esso possono rivalersi.

Quanto sopra, accade soprattutto nel caso di attività particolarmente rischiose quali l'attività imprenditoriale o professionale. Queste attività, infatti, anche quando sono svolte dai soggetti più preparati, attenti e prudenti hanno delle intrinseche rischiosità. Ad esempio, l'attività imprenditoriale comporta dei rischi legati a cause esterne e interne. Le cause esterne sono riconducibili normalmente a una crisi economicofinanziaria (come nel periodo attuale), al *credit crunch* bancario, a novità legislative sfavorevoli, imposizione fiscale penalizzante, a disastri climatici o tellurici, a guerre o attacchi terroristici, all'alterazione degli equilibri concorrenziali, alla diminuzione della domanda o alla sovrapproduzione, alle eliminazioni di barriere doganali ecc.

Le cause interne sono di solito riconducibili a errate valutazioni e programmazioni sul medio/lungo periodo, ad un errato posizionamento sul mercato e al decadimento dei prodotti, come nell'ipotesi di scelte errate dei mercati, alla perdita di capacità attrattiva del *brand*, al mancato rinnovamento del prodotto, a inefficienze che conducono l'impresa ad avere costi operativi maggiori rispetto a quelli di mercato, ad uno squilibrio finanziario e patrimoniale.

Quando si verificano una o più delle cause suindicate, il rischio dell'insolvenza, cioè della crisi che conduca all'impossibilità di assolvere con regolarità agli impegni presi con i creditori (come i fornitori) determinando il fallimento, è realistico.

Nel caso di fallimento dell'imprenditore individuale, il curatore fallimentare (cioè chi si occupa di gestire l'insolvenza nell'interesse dei creditori nominato dal tribunale con la sentenza che dichiara il fallimento) acquisirà tutti i beni presenti e futuri che si trovano o si troveranno nel patrimonio del debitore fallito per venderli e con il ricavato della vendita pagare i creditori.

Quindi, l'imprenditore individuale (cioè l'imprenditore che non abbia costituito una società per lavorare, ditta individuale) non perderà solo i beni aziendali (le merci, il marchio, il negozio ecc.) ma anche i beni personali (l'abitazione se di proprietà ecc.).

Nel caso della società di persone, invece, questo rischio non è immediato: il socio potrà essere chiamato a rispondere dei debiti sociali solo quando la società non abbia beni sufficienti a pagarli. È bene sapere, però, che al socio di una società di persone è esteso automaticamente il fallimento della società qualora sia un socio a responsabilità illimitata. La regola riguarda tutti i soci di una società semplice e di una società in nome collettivo e i soci accomandatari di una società in accomandita semplice. Anche la società di persone, quindi, non protegge completamente i soci dal rischio d'impresa.

Nell'ipotesi di società di capitali, invece il socio non potrà mai essere chiamato a rispondere dei debiti sociali, se non in un limitatissimo numero di casi che riguardano le società unipersonali. Come si vedrà nel capitolo successivo, i costi di costituzione e di gestione di una società di capitali sono, però, più elevati di quelli di una società di persone. Quindi, per l'attività d'impresa è fondamentale che l'imprenditore adotti un'adeguata strategia di protezione del patrimonio che tenga conto dei costi e dei correlati benefici.

SEGRETO n. 6: l'attività d'impresa può sempre essere soggetta al fallimento e, a seconda di come essa è svolta, può determinare anche il coinvolgimento del patrimonio personale dell'imprenditore e, quindi, richiede sempre una strategia di protezione del patrimonio.

Non è solo l'attività d'impresa a essere rischiosa. Anche l'attività professionale può essere intrinsecamente pericolosa e cagionare danni che devono essere risarciti. Ciò deriva normalmente dall'estrema tecnicità della prestazione. Un tipico esempio è quello dell'attività medica che ha condotto negli ultimi decenni a un proliferarsi delle cause per danni rivolte verso medici e strutture sanitarie per i risarcimenti in caso di colpa medica. L'attività medica, si pensi in particolare a quella chirurgica, è, infatti, caratterizzata da un'estrema tecnicità e da un'insita rischiosità.

Allo stesso modo, l'attività notarile può causare danni come nel caso tipico in cui il notaio, prima di stipulare l'atto di compravendita immobiliare, abbia dimenticato di eseguire le visure presso la conservatoria per accertarsi che chi vende sia realmente il titolare del bene oggetto della compravendita.

Nel caso dello svolgimento della professione del commercialista, questi potrà compiere un errore nella predisposizione della dichiarazione dei redditi che causi al cliente una sanzione emanata dall'Agenzia delle Entrate.

Oppure l'avvocato che dimentichi di proporre appello avverso una sentenza di condanna del proprio assistito nel termine indicato dalla legge, facendo divenire così definitiva detta sentenza per il proprio cliente. L'avvocato sarà, quindi, esposto al pignoramento ad opera della controparte.

SEGRETO n. 7: anche l'attività professionale può sempre essere causa di richieste risarcitorie che possono consigliare un'adeguata strategia di prevenzione.

RIEPILOGO DEL CAPITOLO 1:

- SEGRETO n. 1: Per stabilire la migliore strategia di protezione del proprio patrimonio occorre ricordare che la legge prevede che ogni debitore risponde dei propri debiti con tutti i beni presenti e futuri.
- SEGRETO n. 2: Una prima categoria di obbligazioni sono quelle che derivano da contratti che abbiamo stipulato o da impegni unilaterali che abbiamo assunto.
- SEGRETO n. 3: Una seconda categoria di obbligazioni sono quelle che derivano dalla responsabilità civile e cioè il risarcimento del danno causato dal comportamento colposo.
- SEGRETO n. 4: Esistono dei casi (responsabilità oggettiva) nei quali il soggetto è tenuto al risarcimento del danno anche se non è sua colpa come nel caso dei prodotti difettosi e in generale per le attività pericolose.
- SEGRETO n. 5: Ciascun soggetto (persona fisica o ente) ha, di regola, un unico patrimonio (anche se composto di più beni) che rappresenta l'unica e unitaria garanzia dei suoi creditori che su di esso possono rivalersi.
- SEGRETO n. 6: L'attività d'impresa può sempre essere soggetta al fallimento che, a seconda di come essa è svolta,

può determinare anche il coinvolgimento del patrimonio personale dell'imprenditore e, quindi, richiede sempre una strategia di protezione del patrimonio.

- SEGRETO n. 7: Anche l'attività professionale può sempre essere causa di richieste risarcitorie che possono consigliare un'adeguata strategia di prevenzione.

CAPITOLO 2:
Cosa fare per iniziare

Nel capitolo precedente abbiamo visto i motivi che devono condurre imprenditori e professionisti ad approntare un'attenta strategia di protezione del proprio patrimonio. Una strategia adeguata e tempestiva comporta l'adozione di alcune misure che si potrebbero definire di carattere generale e di altre che si potrebbero definire di carattere specifico in ragione della particolare situazione e del caso concreto.

In questo capitolo indicheremo le cautele del primo tipo, lasciando ai capitoli successivi l'illustrazione delle seconde. Innanzitutto, una cautela assolutamente necessaria che dobbiamo adottare è stipulare delle idonee assicurazioni a protezione delle possibili richieste risarcitorie che possono derivare dallo svolgimento della nostra attività.

SEGRETO n. 8: è fondamentale stipulare una polizza

assicurativa che tuteli l'imprenditore o il professionista dai rischi insiti nella propria attività.

Non a caso l'importanza dell'assicurazione, fondamentale per lo sviluppo e il progresso economico e sociale, è strettamente connessa proprio con la responsabilità civile in quanto, ciò che importa non è tanto la colpa di chi ha causato il danno ma il rischio che questi si è assunto e il risarcimento del soggetto che ha subito il danno (come nel caso della responsabilità oggettiva).

Per tale motivo la legge obbliga a stipulare un'assicurazione obbligatoria nel caso della circolazione degli autoveicoli su strada (polizza r.c.a.) e in altre ipotesi di svolgimento di attività pericolose. Nel caso dell'attività d'impresa, normalmente, l'imprenditore stipula non solo un'assicurazione che lo tuteli per la responsabilità civile verso terzi, ma anche da tutti quegli ulteriori rischi che riguardino la catena produttiva. Si tratta di polizze stipulate con lo scopo di non subire danni patrimoniali o finanziari a causa dei sinistri che possono danneggiare o interrompere la produzione.

Queste polizze, innanzitutto, tutelano non solo l'imprenditore ma anche tutti quelli che entrano a contatto con l'impresa, siano essi clienti, fornitori, soci, azionisti ecc. (chiamati *stakeholder* dell'azienda) dai rischi del mancato pagamento derivanti dal blocco della produzione. Inoltre, gli imprenditori, con l'assicurazione, tutelano tutti i beni aziendali (cioè macchinari, fabbricati, impianti, merci, magazzino, imballaggi). Vi sono inoltre polizze che tutelano la produzione che subisca un fermo oppure la liquidazione di un lavoratore con stipendio particolarmente alto (il t.f.r. di un manager per esempio).

Proprio per tutelarsi dai rischi interni ed esterni, che si sono indicati nel primo capitolo di questo corso, esistono delle apposite polizze chiamate *all risk* (cioè tutti i rischi inclusi) che offrono una copertura assicurativa in relazione a tutti i tipi di danni, escludendone esplicitamente soltanto alcuni indicati nel contratto di assicurazione. Esistono, inoltre, polizze che coprono i rischi strettamente finanziari, come nel caso della perdita degli incassi dovuta all'interruzione dell'attività.

Tali polizze spesso offrono anche un servizio di assistenza

tecnica, in modo che, ad esempio, le macchine tornino operative, dopo un eventuale arresto accidentale, nel più breve tempo possibile. Esistono, infine, assicurazioni per cauzioni e fideiussioni che tutelano l'impresa dai ritardi nei pagamenti dei propri clienti.

SEGRETO n. 9: normalmente l'imprenditore stipula non solo un'assicurazione che lo tuteli per la responsabilità civile verso terzi, ma anche da tutti quegli ulteriori rischi che riguardano la produzione.

Nello stipulare queste polizze occorrerà:

- tenere conto delle specifiche attività che si svolgono e verificare che la polizza copra tutti questi rischi;
- verificare che il massimale (cioè l'importo massimo che l'assicurazione s'impegna a pagare in caso di sinistro) sia adeguato alla tipologia di attività svolta magari in relazione al fatturato annuo;
- controllare se vi siano franchigie o scoperti che possano limitare l'obbligo di risarcimento da parte dell'assicurazione.

SEGRETO n. 10: nello stipulare la polizza d'impresa, occorrerà verificare i rischi coperti, il massimale di copertura e l'esistenza di franchigie o scoperti.

Per i liberi professionisti la manovra di ferragosto e il decreto Monti di fine 2011 hanno previsto l'obbligo di stipulare un'assicurazione obbligatoria a tutela dei danni arrecati al cliente, nell'esercizio della propria professione. Fino ad ora le assicurazioni professionali erano solo fortemente consigliate, ma non erano obbligatorie, o lo erano solo limitatamente a determinati incarichi. Ora tutti i professionisti saranno tenuti a stipulare un'adeguata polizza professionale per la responsabilità civile.

SEGRETO n. 11: per i liberi professionisti recentemente è stato previsto l'obbligo di stipulare un'assicurazione obbligatoria a tutela dei danni arrecati al cliente, nell'esercizio della propria professione.

Nello stipulare queste polizze occorrerà:

- tenere conto delle specifiche attività che si svolgono (un commercialista o un avvocato possono svolgere anche la funzione di curatore fallimentare o di mediatore delle controversie civili e commerciali) e verificare che la polizza copra tutti i relativi rischi;

- verificare che il massimale (cioè l'importo massimo che l'assicurazione si impegna a pagare in caso di sinistro) sia adeguato alla tipologia di attività svolta magari in relazione al fatturato annuo;
- controllare se vi siano franchigie o scoperti che possano limitare l'obbligo di risarcimento da parte dell'assicurazione;
- essere sicuri che la polizza sia del tipo *claims made* (copre il professionista anche se il sinistro si è verificato in epoca nella quale non era assicurato ma la richiesta risarcitoria sia fatta dopo che la polizza è stata stipulata) e non *loss occurrence* (presuppone che il professionista fosse già assicurato quando il sinistro si è verificato) e a quanto ammonti il periodo coperto (nel caso in cui sia prevista, ad esempio, una clausola di copertura pregressa triennale).

SEGRETO n. 12: nello stipulare la polizza il professionista dovrà verificare i rischi coperti, il massimale di copertura,

l'esistenza di franchigie o scoperti e che questa sia del tipo *claims made*.

È, quindi, necessario, per imprenditori e professionisti, rivolgersi a più agenti di diverse compagnie assicurative e chiedere preventivi specifici su tali aspetti e stipulare la polizza solo quando si è sicuri che sia adeguata alle proprie esigenze, tenuto conto anche del fatto non trascurabile che tali polizze sono piuttosto care in termini di premio.

A tale proposito ci si potrà rivolgere anche a dei *broker* che, non essendo agenti in esclusiva di una compagnia assicurativa, potranno proporvi un maggior ventaglio di polizze reperite sul mercato tra cui scegliere.

SEGRETO n. 13: è necessario, per imprenditori e professionisti, rivolgersi a più agenti di diverse compagnie assicurative oppure a dei *broker* per chiedere preventivi specifici per scegliere la polizza che meglio si adatti alle proprie esigenze.

Oltre e prima della copertura assicurativa, un'accortezza che gli imprenditori debbono adottare è quella della scelta della corretta forma imprenditoriale con cui svolgere la propria attività. Si tratta di un aspetto fondamentale.

Una prima possibilità per svolgere un'attività d'impresa è quella di aprire la ditta individuale, la quale rappresenta la forma giuridica più semplice per avviare un'attività d'impresa in quanto richiede pochi adempimenti.

In tale caso la ditta individuale e la persona fisica che esercita l'impresa coincidono ed è, quindi, evidente che anche i rischi descritti in precedenza ricadono sullo stesso imprenditore e sul suo patrimonio.

SEGRETO n. 14: la ditta individuale è la forma più semplice per svolgere un'attività imprenditoriale individuale, ma anche la più rischiosa.

È però possibile scegliere anche di "aprire" una società (dando luogo a quello che si chiama "*start up*"). Anche tale scelta però, a sua volta, comporta ulteriori scelte che si riveleranno fondamentali per la buona riuscita dell'attività d'impresa e per i rischi che s'intenderanno assumere. Infatti, la scelta tra una società di persone e una società di capitali risiede (anche) nel grado di rischio d'impresa che i soci intendono assumere.

Pertanto, se i soci intendono rischiare unicamente il capitale conferito nella società, costituiranno una società di capitali, mentre se non sono preoccupati di assumersi completamente il rischio di impresa, costituiranno una società di persone che comporterà un coinvolgimento del loro patrimonio personale nelle vicende della società sino al caso estremo del fallimento che dalla società sarà esteso per legge anche ai singoli soci illimitatamente responsabili.

Ovviamente la scelta tra l'una o l'altra tipologia di società non è indifferente sotto un profilo dei costi, posto che le tipologie di società che garantiscono una limitazione del rischio al solo capitale conferito (società di capitali) hanno, quale contraltare, maggiori oneri di costituzione, di organizzazione e di amministrazione rispetto a quanto richiesto per le società di

persone.
Nelle società di capitali sarà necessario, infatti, sia pure con alcune differenze tra società per azioni e società a responsabilità limitata, prevedere un organo amministrativo diverso dai soci, convocare periodicamente l'assemblea dei soci, nominare un organo di controllo ecc...

In altri termini, la legge richiede che se vogliamo evitare di rischiare il patrimonio personale nell'attività societaria, questa scelta sia controbilanciata da una maggiore organizzazione (con previsione di un organo amministrativo e di un organo di controllo) e finanziarizzazione (con previsione di un capitale sociale minimo) della società a garanzia dei terzi nei confronti dei quali questa assumerà impegni (lavoratori, creditori ecc...).

SEGRETO n. 15: le società di capitali limitano il rischio che hanno assunto i soci al capitale da loro conferito, ma hanno costi maggiori, mentre le società di persone comportano costi minori a fronte di una responsabilità illimitata.

Il discorso appena fatto non vale per i professionisti, per i quali non è prevista una forma societaria a responsabilità limitata (se non per le società di *engineering* costituite da ingegneri). I professionisti possono unicamente scegliere di svolgere l'attività professionale in forma di associazione professionale o di società tra professionisti (stp) ma, allo stato, senza la possibilità di limitare la responsabilità al solo patrimonio associativo o societario.

Quindi, per i professionisti l'esigenza di tutela del proprio patrimonio diviene ancora più indifferibile se paragonata alla situazione degli imprenditori che pure possono scegliere di utilizzare una società a responsabilità limitata.

SEGRETO n. 16: quando i professionisti intendono svolgere l'attività professionale in forma collettiva non hanno la possibilità di limitare la propria responsabilità.

RIEPILOGO DEL CAPITOLO 2:

- SEGRETO n. 8: È fondamentale stipulare una polizza assicurativa che tuteli l'imprenditore o il professionista dai rischi insiti nella propria attività.
- SEGRETO n. 9: Normalmente l'imprenditore stipula non solo un'assicurazione che lo tuteli per la responsabilità civile verso terzi, ma anche da tutti quegli ulteriori rischi che riguardino la produzione.
- SEGRETO n. 10: Nello stipulare la polizza d'impresa, occorrerà verificare i rischi coperti, il massimale di copertura e l'esistenza di franchigie o scoperti.
- SEGRETO n. 11: Per i liberi professionisti recentemente è stato previsto l'obbligo di stipulare un'assicurazione obbligatoria a tutela dei danni arrecati al cliente, nell'esercizio della propria professione.
- SEGRETO n. 12: Nello stipulare la polizza il professionista dovrà verificare i rischi coperti, il massimale di copertura, l'esistenza di franchigie o scoperti e che questa sia del tipo "*claims made*" .
- SEGRETO n. 13: È necessario, per imprenditori e professionisti, rivolgersi a più agenti di diverse compagnie

assicurative oppure a dei *broker* per chiedere preventivi specifici per scegliere la polizza che meglio si adatti alle proprie esigenze.

- SEGRETO n. 14: La ditta individuale è la forma più semplice per svolgere un'attività imprenditoriale individuale, ma anche la più rischiosa.
- SEGRETO n. 15: Le società di capitali limitano il rischio che hanno assunto i soci al capitale da loro conferito, ma hanno costi maggiori, mentre le società di persone comportano costi minori a fronte di una responsabilità illimitata.
- SEGRETO n. 16: Quando i professionisti intendono svolgere l'attività professionale in forma collettiva non hanno la possibilità di limitare la propria responsabilità.

CAPITOLO 3:
Come realizzare l'intestazione fiduciaria

È ora venuto il momento di analizzare più da vicino gli specifici strumenti di protezione del patrimonio. Il primo di essi è costituito dall'*intestazione fiduciaria.* Nella prassi commerciale ricorriamo all'intestazione fiduciaria in molteplici casi. Tra i tanti, vi ricorriamo quando intendiamo assicurare la riservatezza dell'effettiva proprietà dei beni e delle partecipazioni sociali (quote o azioni) o assicurarci la riservatezza nelle iniziative commerciali.

Come esprime lo stesso aggettivo "fiduciario", si tratta di situazioni nelle quali l'elemento della fiducia gioca un ruolo fondamentale. Una prima situazione è quella nella quale la proprietà di un bene viene trasferita dal Signor Mario Rossi (detto fiduciante) al Signor Giuseppe Verdi (detto fiduciario) con l'accordo che quest'ultimo gestirà tale bene secondo le istruzioni che gli saranno date dal primo. È evidente come, in tale situazione, l'accordo tra il Signor Rossi e il Signor Verdi si fondi essenzialmente sulla fiducia che il primo ripone nel secondo. Ne consegue che se il Signor Verdi vìola l'accordo con il Signor Rossi (patto fiduciario), al Signor Rossi non rimarrà che richiedere i danni derivati da tale violazione. Ad esempio, il Signor Rossi è un imprenditore che decide di salvaguardare il suo pacchetto azionario trasferendolo fiduciariamente al Signor Verdi con l'accordo che questi lo amministri secondo le indicazioni del primo e lo ritrasferisca a semplice richiesta del primo. Così il trasferimento del pacchetto azionario dal Signor Rossi al Signor Verdi è annotato sul libro soci della società.

Sennonché, il Signor Verdi, violando l'accordo con il Signor Rossi, vende il pacchetto azionario al Signor Carlo Bianchi, ignaro del patto fiduciario tra i primi due. A questo punto, il Signor Rossi, non potendo rivendicare nulla contro il Signor Bianchi, il quale in buona fede ha acquistato il pacchetto azionario dal Signor Verdi ritenendolo il proprietario, potrà solamente richiedere a quest'ultimo il risarcimento del danno derivante dalla violazione del patto fiduciario.

SEGRETO n. 17: una prima forma d'intestazione fiduciaria è quella nella quale la proprietà di un bene è trasferita da un soggetto a un altro con l'accordo che l'acquirente gestirà tale bene secondo le istruzioni che gli saranno date dal venditore.

Una seconda situazione è quella nella quale la proprietà rimane in capo al titolare (il fiduciante) il quale trasferisce all'altro soggetto (il fiduciario) solamente la legittimazione formale a esercitare il diritto stesso (come se fosse il proprietario). Si tratta di una situazione analoga a quella che si ritrova quando circola un titolo di credito, come un pagherò cambiario (cambiale). Ad esempio, il Signor Rossi è debitore del Signor Verdi per un importo di euro 900,00 e gli consegna, quindi, in data 1 gennaio 2012 un pagherò cambiario per tale importo con scadenza il 31 dicembre 2012 e con indicazione del Signor Verdi quale beneficiario. A sua volta il Signor Verdi è debitore verso il Signor Bianchi di un pari importo e "gira" la cambiale a quest'ultimo il quale, alla data del 31 dicembre 2012, si rivolgerà al Signor Rossi per richiedere il pagamento dell'importo indicato sul pagherò cambiario e il Signor Rossi sarà tenuto a tale pagamento anche se il Signor Bianchi non è il suo creditore.

Questo è possibile in quanto la legge attribuisce al Signor Bianchi, mediante la girata della cambiale, la legittimazione a esigere l'importo indicato sul titolo. La medesima situazione si ritrova nell'intestazione fiduciaria che attribuisce al fiduciario la sola legittimazione ad esercitare quel diritto (per esempio nel caso di partecipazioni societarie il diritto di riscuotere i dividendi) Questa situazione risulta più di tutela per il titolare del diritto di proprietà che non trasferisce ad altri il proprio diritto, ma allo stesso tempo non consente, come vedremo di seguito, una completa tutela patrimoniale.

SEGRETO n. 18: una seconda forma d'intestazione fiduciaria è quella nella quale la proprietà di un bene rimane nella titolarità del proprietario mentre al fiduciario spetterà unicamente la legittimazione all'esercizio al diritto stesso.

Dal punto di vista normativo, quest'ultima tipologia di fiducia è quella delle cd società fiduciarie disciplinata da una legge del 1939. Mediante l'incarico fiduciario, un soggetto conferisce a una società fiduciaria il mandato per amministrare i propri beni nel proprio interesse o per conto terzi con intestazione fiduciaria. I tratti che caratterizzano il rapporto che s'instaura tra fiduciante e fiduciaria sono così riassumibili:

- separazione, in ordine al bene amministrato, della situazione di "proprietà sostanziale", o titolarità, dall'intestazione (se richiesta dalla natura del bene) o dalla legittimazione;
- disciplina del rapporto tra il fiduciante e la fiduciaria, avente come oggetto l'incarico di "amministrare" beni;
- conferimento, con documentazione contrattuale separata, di specifici incarichi per acquistare, vendere ecc.

Si tratta, quindi, di un incarico che assume le caratteristiche di un mandato per amministrare beni altrui senza rappresentanza. Infatti, a seguito dell'incarico la società fiduciaria è tenuta a compiere gli atti di amministrazione su indicazione del fiduciante e, pertanto, per suo conto (o anche per conto di terzi) ma senza che vi sia la "spendita del nome". La società fiduciaria riceve l'incarico proprio allo scopo di proteggere con l'anonimato il fiduciante.

SEGRETO n. 19: l'incarico che riceve la società fiduciaria assume le caratteristiche di un mandato per amministrare

beni altrui senza rappresentanza e, quindi, per conto del fiduciante senza però spenderne il nome.

Le società fiduciarie sono sottoposte alla vigilanza del Ministero delle attività produttive (oggi sviluppo economico) che prescrive un contenuto minimo dell'incarico fiduciario. Ciò ha lo scopo di proteggere il fiduciante da abusi che le società fiduciarie compiano sui beni che hanno ricevuto in amministrazione.

SEGRETO n. 20: le società fiduciarie sono sottoposte alla vigilanza del Ministero dello sviluppo economico per proteggere il fiduciante da abusi che le società fiduciarie possano compiere sui beni che hanno ricevuto in amministrazione.

L'incarico nella prassi prevede che:

- la società fiduciaria potrà compiere esclusivamente gli atti espressamente previsti o necessariamente indicati dalla natura o dall'oggetto dell'incarico e secondo i poteri a essa conferiti dal fiduciante;
- la società fiduciaria dovrà agire nell'interesse esclusivo del

fiduciante e rispondere secondo le regole del mandato oneroso;

- i beni e le somme dei fiducianti dovranno essere elencati dettagliatamente nella lettera di mandato nonché in un estratto conto periodico recante le variazioni intervenute nel periodo di riferimento, la data delle stesse nonché la descrizione delle causali.

L'utilizzo dell'intestazione fiduciaria, quindi, non consente una vera e propria protezione patrimoniale in quanto la proprietà del bene rimane in capo al fiduciante.

SEGRETO n. 21: l'utilizzo dell'intestazione alla società fiduciaria non è uno strumento di protezione del patrimonio perché la proprietà del bene rimane comunque in capo al fiduciante.

L'intestazione fiduciaria rappresenta, però, una forma di protezione indiretta mediante il dovere di segretezza cui sono tenute le società fiduciarie, le quali sono tenute a obblighi di comunicazione in relazione al sostanziale proprietario (fiduciante) solo nei confronti di soggetti pubblici.

L'attività delle società fiduciarie è, infatti, proprio finalizzata a tenere "riservato" nei confronti dei terzi il nome del fiduciante, cioè di colui che chiede alla società fiduciaria di amministrare i sui beni per suo conto ma senza rappresentanza. Pertanto, le società fiduciarie hanno non solo il diritto ma soprattutto il dovere di tenere segrete le informazioni riguardanti i fiducianti.

Le società fiduciarie potranno derogare a questi diritti/doveri solo quando vi siano delle specifiche norme di legge che lo prevedano. In particolare, la legge prevede che le società fiduciarie siano tenute a:

- comunicare all'agenzia delle entrate i nominativi dei fiducianti proprietari di titoli che abbiano riscosso utili o che abbiano generato comunque redditi di natura finanziaria in occasioni di operazioni straordinarie;
- fornire al giudice civile le informazioni richieste nei giudizi ove occorre determinare l'assegno divorzile o il mantenimento dei figli;
- rispondere alle verifiche richieste dalla guardia di finanza per

l'accertamento di illeciti valutari e societari;

- comunicare all'UIF (Unità di Informazione Finanziaria presso la Banca d'Italia) le operazioni sospette ai fini dell'antiriciclaggio;
- comunicare all'anagrafe tributaria i dati identificativi dei fiducianti.

Esistono ulteriori obblighi di comunicazione o di informazione anche verso altri soggetti con riferimento alle partecipazioni detenute nelle assicurazioni, nelle banche, nelle società aggiudicatrici di appalti pubblici ecc.

SEGRETO n. 22: l'intestazione fiduciaria rappresenta una forma di protezione indiretta mediante il dovere di segretezza cui sono tenute le società fiduciarie, derogabile solo nei confronti di soggetti pubblici.

Le società fiduciarie, in assenza di un'espressa previsione di legge, possono opporre il dovere di segretezza anche all'ufficiale giudiziario chiamato a effettuare un pignoramento sui beni del fiduciante.

L'ufficiale giudiziario è il soggetto pubblico al quale la legge demanda l'attività di pignoramento, cioè l'esecuzione forzata sui beni del debitore richiesta dal creditore che si rivarrà sul ricavato della vendita di essi fatta dal giudice o dagli istituti delle vendite giudiziarie.

L'ufficiale giudiziario non potrà, pertanto, richiedere informazioni "esplorative" alle società fiduciarie, mentre potrà preventivamente acquisire informazioni sul fiduciante tramite l'accesso a banche dati pubbliche. In tale ultimo caso, la società fiduciaria non potrà negare l'intestazione fiduciaria della quale l'ufficiale giudiziario (e anche il creditore) sia venuto a conoscenza in altro modo.

SEGRETO n. 23: l'ufficiale giudiziario non può richiedere informazioni "esplorative" alle società fiduciarie, mentre potrà preventivamente acquisire informazioni sul fiduciante tramite l'accesso a banche dati pubbliche.

Infine, dal punto di vista fiscale, le intestazioni fiduciarie sono assolutamente neutre in quanto, prevale la titolarità effettiva dei beni in luogo di quella apparente. In questi casi si parla di trasparenza dell'intestazione fiduciaria rispetto al fisco. Pertanto, per il fisco, l'unico soggetto passivo d'imposta è il fiduciante, per cui allo stesso sono imputati i redditi dei beni fiduciariamente intestati alla società fiduciaria che, quindi, saranno tassati in capo al primo.

SEGRETO n. 24: dal punto di vista fiscale, le intestazioni fiduciarie sono neutre in quanto prevale la titolarità effettiva dei beni in luogo di quella apparente e i redditi provenienti dai beni trasferiti fiduciariamente sono tassati in capo al fiduciante.

Anche con riferimento invece alle imposte indirette (imposta di registro, ipotecaria e catastale) il fisco considerava il trasferimento della proprietà di un bene immobile da un fiduciante a una società fiduciaria e la sua re-intestazione al fiduciante, atti non equiparabili a reali trasferimenti del diritto di proprietà. Quindi, tali trasferimenti erano considerati neutri dal punto di vista fiscale e, come tali, soggetti ad imposizione indiretta (imposta di registro, ipotecaria e catastale) in misura fissa. Di recente, però, con la reintroduzione dell'imposta sulle successioni e donazioni, il fisco ha ritenuto che nel negozio fiduciario avente ad oggetto beni immobili si realizzi comunque un vero e proprio trasferimento a titolo gratuito del bene dalla sfera giuridica del fiduciante a quella del fiduciario, e che pertanto, si debba applicare l'imposta sulle successioni e donazioni (v. tabella in fondo).

Di tale conclusione è lecito dubitare anche se ovviamente se ne deve tenere conto trattandosi di un'interpretazione proveniente dalla stessa amministrazione fiscale. Il dubbio deriva comunque, in quanto, il trasferimento fiduciario non può ritenersi effettuato a titolo gratuito ma a titolo oneroso in quanto la società fiduciaria riceve la proprietà del bene ma sarà sempre obbligata a ritrasferire il bene al fiduciante o a un soggetto da quest'ultimo indicato.

SEGRETO n. 25: con riferimento alle imposte indirette, le intestazioni fiduciarie sono considerate dal fisco a titolo gratuito e, quindi, scontano l'imposta sulle successioni e donazioni.

RIEPILOGO DEL CAPITOLO 3:

- SEGRETO n. 17: Una prima forma di intestazione fiduciaria è quella nella quale la proprietà di un bene è trasferita da un soggetto a un altro con l'accordo che l'acquirente gestirà tale bene secondo le istruzioni che gli saranno date dal venditore.
- SEGRETO n. 18: Una seconda forma d'intestazione fiduciaria è quella nella quale la proprietà di un bene rimane nella titolarità del proprietario mentre al fiduciario spetterà unicamente la legittimazione all'esercizio al diritto stesso.
- SEGRETO n. 19: L'incarico che riceve la società fiduciaria assume le caratteristiche di un mandato ad amministrare beni altrui senza rappresentanza e quindi, per conto del fiduciante senza però spenderne il nome.
- SEGRETO n. 20: Le società fiduciarie sono sottoposte alla vigilanza del Ministero dello Sviluppo Economico per proteggere il fiduciante da abusi che le società fiduciarie possano compiere sui beni che hanno ricevuto in amministrazione.
- SEGRETO n. 21: l'utilizzo dell'intestazione alla società fiduciaria non è uno strumento di protezione del patrimonio perché la proprietà del bene rimane comunque in capo al

fiduciante.

- SEGRETO n. 22: L'intestazione fiduciaria rappresenta una forma di protezione indiretta mediante il dovere di segretezza cui sono tenute le società fiduciarie, derogabile solo nei confronti di soggetti pubblici.
- SEGRETO n. 23: L'ufficiale giudiziario non può richiedere informazioni "esplorative" alle società fiduciarie, mentre potrà preventivamente acquisire informazioni sul fiduciante tramite l'accesso a banche dati pubbliche.
- SEGRETO n. 24: Dal punto di vista fiscale, le intestazioni fiduciarie sono neutre in quanto prevale la titolarità effettiva dei beni in luogo di quella apparente e i redditi provenienti dai beni trasferiti fiduciariamente sono tassati in capo al fiduciante.
- SEGRETO n. 25: Con riferimento alle imposte indirette, le intestazioni fiduciarie sono considerate dal fisco a titolo gratuito e, quindi, scontano l'imposta sulle successioni e donazioni.

CAPITOLO 4:

Come utilizzare il fondo patrimoniale

Tra i possibili strumenti che sono previsti dalla legge per tutelare il proprio patrimonio, il fondo patrimoniale assicura una particolare protezione dei beni della famiglia. Infatti, il fondo patrimoniale è tipicamente previsto per costituire un patrimonio separato da quello dei due coniugi destinato ai bisogni della famiglia fondata sul matrimonio. Si tratta, quindi, di uno strumento che può utilizzare unicamente chi sia sposato.

Il codice civile prevede che ciascuno o ambedue i coniugi, per atto pubblico, o un terzo, anche per testamento, possano costituire un fondo patrimoniale, destinando determinati beni, immobili o mobili iscritti in pubblici registri, o titoli di credito, a far fronte ai bisogni della famiglia. Se la costituzione del fondo patrimoniale avviene mediante un atto tra vivi effettuato dal terzo, si perfeziona con l'accettazione dei coniugi contestualmente alla costituzione.

Si tratta di un'eccezione alla regola secondo la quale un soggetto ha sempre uno e un solo patrimonio, costituendo il fondo patrimoniale un tipico esempio di patrimonio separato.

SEGRETO n. 26: il fondo patrimoniale è previsto per costituire un patrimonio separato da quello dei due coniugi e destinato ai bisogni della famiglia fondata sul matrimonio.

La costituzione del fondo patrimoniale costituisce una convenzione matrimoniale (cioè un accordo dei coniugi circa la gestione delle proprie sostanze durante il matrimonio) e deve essere stipulato, come accennato sopra, per atto pubblico alla presenza dei testimoni. La necessità dell'atto pubblico e dei testimoni deriva proprio dall'importanza del vincolo che si pone con la costituzione del fondo patrimoniale e che è, quindi, sottolineata proprio dalla formalità dell'atto notarile e dalla presenza dei testimoni.

Esso non sostituisce, ma si aggiunge al regime patrimoniale dei coniugi interessati, potendosi così affiancare al regime di comunione legale (regime per il quale gli acquisti effettuati durante il matrimonio da uno dei coniugi sono di proprietà di entrambi) o di separazione dei beni (regime per il quale gli acquisti rimangono in capo al coniuge che li effettua).

SEGRETO n. 27: il fondo patrimoniale stipulato per atto pubblico alla presenza di testimoni si affianca al regime di comunione legale o di separazione dei beni.

Il fondo patrimoniale si può costituire:

- al momento della celebrazione del matrimonio;
- oppure in un qualunque momento successivo durante il matrimonio.

I beni che possono costituire oggetto di un fondo patrimoniale sono:

- i beni immobili (la casa di abitazione, la casa al mare ecc.);
- i beni mobili registrati (l'autovettura, la moto o la barca);
- i titoli di credito (le azioni).

Questo perché è necessario che i beni vincolabili in un fondo patrimoniale possano avere ben riconoscibile tale vincolo.

SEGRETO n. 28: i beni che possono costituire oggetto di un fondo patrimoniale sono i beni immobili; i beni mobili registrati e i titoli di credito.

Per i beni immobili, la costituzione del fondo patrimoniale sarà trascritta nei registri della conservatoria immobiliare della provincia ove si trova il bene. Anche per i beni mobili registrati il fondo patrimoniale sarà trascritto nei pubblici registri (pubblico registro automobilistico, registro italiano navale, registro aeronautico nazionale ecc.).

Per i titoli di credito la riconoscibilità dell'esistenza del fondo patrimoniale deriverà dall'annotazione sul titolo o in altri modi ritenuti idonei dalla legge (per esempio tramite l'iscrizione nel registro delle imprese per le partecipazioni societarie). Quindi, non possono far parte di un fondo patrimoniale il denaro o assegni o cambiali (in quanto titoli di credito non nominativi), oppure oggetti preziosi come monete antiche, opere d'arte, collezioni, gioielli, seppur di grande pregio e valore.

SEGRETO n. 29: non possono costituire oggetto di un fondo

patrimoniale il denaro, un assegno, una cambiale o oggetti preziosi in quanto non possono essere vincolati con trascrizione su pubblici registri o con altre modalità analoghe.

Quanto sopra, però, non è sufficiente. Infatti, non basta che la costituzione del fondo patrimoniale sia trascritta nei registri immobiliari per essere opponibile ai terzi. Essendo una convenzione matrimoniale, il codice civile prevede che il fondo patrimoniale debba essere anche annotato a cura del notaio a margine dell'atto di matrimonio dei coniugi in favore dei quali è costituito. Si tratta di una formalità molto importante.

Se non si provvede tempestivamente a tale annotazione, potrebbe accadere, per esempio, che prevalga l'anteriore iscrizione di un'ipoteca giudiziale sull'immobile conferito nel fondo patrimoniale anche se successiva alla sua costituzione.

SEGRETO n. 30: è necessario che la costituzione del fondo patrimoniale non solo sia trascritta nei pubblici registri ma che sia anche annotata a margine dell'atto di matrimonio dei coniugi.

È necessario chiarire, però, che il reale oggetto del fondo patrimoniale non è il singolo bene, ma, piuttosto, il diritto su quel bene. Così, normalmente, si costituirà un fondo patrimoniale mediante conferimento del diritto di proprietà della casa di abitazione. Sarebbe, però, possibile conferire anche il solo diritto di usufrutto sulla casa di abitazione (cioè il diritto reale di portata inferiore a quello di proprietà che consiste nel godimento di un bene altrui salvo il rispetto della destinazione economica impressavi dal proprietario) o altri diritti reali.

SEGRETO n. 31: a essere conferiti nel fondo patrimoniale sono i diritti sui beni, come, ad esempio, il diritto di proprietà o il diritto di usufrutto o altri diritti reali.

La proprietà dei beni (o l'usufrutto o altro diritto reale su di essi) costituenti il fondo patrimoniale spetta a entrambi i coniugi, salvo che sia diversamente stabilito nell'atto di costituzione.

Quindi, si potrà prevedere, ad esempio, che il diritto di proprietà del bene conferito nel fondo patrimoniale sia trasferito da un coniuge all'altro oppure sia attribuito a entrambi o, addirittura, a un terzo. Oppure nel caso in cui il bene sia conferito da un terzo è ammissibile che questi lo attribuisca a uno solo dei coniugi o a entrambi o, anche, a se stesso.

Pertanto, la legge lascia le più ampie possibilità ai coniugi o al terzo di attribuire la proprietà (o altro diritto reale) del bene anche a uno solo dei coniugi oppure anche a un terzo, purché il bene sia destinato al soddisfacimento dei bisogni della famiglia. Quindi ben potrà accadere che il padre, pur mantenendo la nuda proprietà del bene immobile, conferisca il diritto di usufrutto in un fondo patrimoniale destinato al soddisfacimento dei bisogni della famiglia del proprio figlio.

SEGRETO n. 32: la proprietà dei beni (o l'usufrutto o altro diritto su di essi) costituenti il fondo patrimoniale spetta a entrambi i coniugi, salvo che sia diversamente stabilito nell'atto di costituzione.

I frutti dei beni costituenti il fondo patrimoniale sono impiegati per i bisogni della famiglia. Quindi, se è costituito un fondo patrimoniale avente a oggetto un terreno agricolo coltivato con alberi da frutta, i frutti (chiamati "frutti naturali") potranno essere o utilizzati per il consumo in famiglia oppure ceduti a terzi e il ricavato impiegato per le esigenze della famiglia.

Oppure nel caso in cui oggetto del fondo patrimoniale sia un appartamento concesso in locazione a terzi, il ricavato della locazione (i canoni, chiamati "frutti civili") dovrà essere impiegato per le necessità familiari.

SEGRETO n. 33: i frutti, sia naturali (i frutti delle piante) sia civili (i canoni di locazione), dei beni conferiti nel fondo patrimoniale sono impiegati per i bisogni della famiglia.

I beni costituenti il fondo patrimoniale sono amministrati secondo le norme relative all'amministrazione della comunione legale. Quindi, l'amministrazione dei beni costituiti in fondo patrimoniale spetta disgiuntamente a entrambi i coniugi: pertanto, uno solo dei coniugi potrà riscuotere i canoni di locazione del bene immobile che fa parte del fondo.

Anche la rappresentanza in giudizio spetta disgiuntamente a

entrambi i coniugi: se, quindi, occorrerà agire in giudizio per ottenere il pagamento del canone da parte dell'inquilino moroso del bene immobile che fa parte del fondo, sarà sufficiente che uno solo dei coniugi conferisca il mandato all'avvocato.

A questa regola, fa eccezione il caso nel quale si debbano compiere atti eccedenti l'ordinaria amministrazione, oppure stipulare contratti con i quali si concedono o si acquistano diritti personali di godimento.

In tale evenienza è richiesto l'intervento congiunto di entrambi i coniugi, come nel caso della stipula del contratto di locazione del bene immobile ricompreso nel fondo anche quando il bene appartenga a uno solo dei coniugi o anche a un terzo.

Anche in tale caso la rappresentanza in giudizio per le relative azioni segue la medesima regola e, quindi, spetterà congiuntamente a entrambi i coniugi.

Se non è stato espressamente consentito nell'atto di costituzione, i beni che sono oggetto del fondo patrimoniale non possono essere venduti, donati, ipotecati, dati in pegno o comunque vincolati se non con il consenso di entrambi i coniugi.

SEGRETO n. 34: l'amministrazione ordinaria dei beni costituiti in fondo patrimoniale spetta disgiuntamente a entrambi i coniugi e l'amministrazione straordinaria congiuntamente a entrambi salvo che non sia espressamente preveduto il contrario.

Le regole dell'amministrazione cambiano quando vi siano figli minori. In tale caso, la facoltà di disporre dei beni conferiti nel fondo patrimoniale (cioè venduti, donati, ipotecati, dati in pegno o comunque vincolati) deve essere preceduta dall'autorizzazione concessa dal giudice solamente quando vi sia una necessità o un'utilità evidente.

Peraltro è stato ritenuto possibile derogare alla preventiva autorizzazione da parte del tribunale quando ciò sia previsto espressamente nell'atto costitutivo del fondo: in questo caso il vincolo di destinazione si trasferirà dal bene venduto al ricavato della vendita oppure al bene successivamente acquistato con detto ricavo. Importante è quindi, al momento della costituzione del fondo, prevedere una siffatta clausola che lasci liberi i coniugi di gestire e disporre dei beni conferiti.

Di solito tutti si avvalgono di questa facoltà, inserendo questa clausola nell'atto costitutivo del fondo patrimoniale, in modo da poter vendere liberamente i beni, o comunque disporne in qualsiasi modo. Non si può escludere, infatti, che alcuni anni dopo la costituzione del fondo patrimoniale si presenti la necessità di vendere un bene in esso compreso (per esempio può capitare di voler cambiare casa), o magari anche solo di stipulare un mutuo, concedendo quale garanzia alla banca un'ipoteca sui beni personali compresi nel fondo patrimoniale.

SEGRETO n. 35: è importante quando vi siano figli minori prevedere, al momento della costituzione del fondo, la facoltà di disporre dei beni conferiti nel fondo patrimoniale senza l'autorizzazione del giudice.

L'esecuzione sui beni del fondo e sui frutti di essi non può aver luogo per debiti che il creditore conosceva essere stati contratti per scopi estranei ai bisogni della famiglia: questo è l'effetto più rilevante del fondo patrimoniale. Infatti, i beni ricompresi nel fondo patrimoniale sono aggredibili unicamente per i debiti che siano stati contratti dai coniugi per scopi non estranei ai bisogni della famiglia.

Per "bisogni della famiglia" intendiamo il perseguimento o il raggiungimento di ogni e qualsiasi interesse collegato alla famiglia individuata. Nella prassi, il fondo patrimoniale è utilizzato prevalentemente, se non esclusivamente, con finalità preventive rispetto all'imminente aggressione del patrimonio del coniuge da parte dei suoi creditori personali.

In tal modo, infatti, la costituzione del fondo patrimoniale consente di frapporre ostacoli, se non volti a impedire, almeno a ritardare, l'aggressione dei propri beni, sicché in tal caso si ha una prevalenza dell'effetto di separazione rispetto alla voluta destinazione del patrimonio.

Come si dirà meglio più avanti, l'utilizzo del fondo patrimoniale, costituito al solo fine di ritardare o impedire l'azione dei creditori, potrà, però, essere neutralizzato dall'azione revocatoria che quest'ultimi potranno utilizzare in giudizio dimostrando che la costituzione del fondo sia stata effettuata con intenti fraudolenti.

È, quindi, fondamentale che la costituzione del fondo patrimoniale sia effettuata per tempo e al concreto fine di fornire alla famiglia i mezzi necessari.

SEGRETO n. 36: l'esecuzione sui beni del fondo e sui frutti di questi non può aver luogo per debiti che il creditore conosceva essere stati contratti per scopi estranei ai bisogni della famiglia, fatto salvo l'intento di frode ai creditori.

La destinazione del fondo termina a seguito dell'annullamento del matrimonio, della morte di uno dei coniugi o di divorzio. Si ritiene che, tenuto conto delle circostanze, previa autorizzazione giudiziale, sia possibile sciogliere il fondo patrimoniale per mutuo consenso dei coniugi. Se vi sono figli minori il fondo dura fino al compimento della maggiore età dell'ultimo figlio. In tale caso il giudice può dettare, su istanza di chi vi abbia interesse, norme per l'amministrazione del fondo. In ragione delle condizioni economiche dei genitori e dei figli e tenuto conto di ogni altra circostanza, il giudice può altresì attribuire ai figli, in godimento o in proprietà, una quota dei beni del fondo. Se non vi sono figli, i beni saranno divisi per accordo tra i coniugi o, in mancanza, ricorrendo al giudice.

SEGRETO n. 37: la destinazione del fondo cessa a seguito dell'annullamento del matrimonio, della morte di uno dei coniugi, di divorzio o, secondo alcuni, anche di uno specifico accordo tra i coniugi autorizzato dal giudice.

A conclusione dell'esame del fondo patrimoniale, occorre avvertire che, proprio per la sua funzione di salvaguardia del patrimonio di uno dei coniugi, la sua costituzione può essere oggetto di aggressioni giudiziarie da parte dei creditori con l'azione revocatoria.

L'azione revocatoria è utilizzata dai creditori per rendere inefficaci nei propri confronti quegli atti compiuti appositamente dal debitore per pregiudicare le loro ragioni. Proprio al fine di scongiurare una tale situazione, il coniuge che voglia proteggere i propri beni mediante il conferimento in un fondo patrimoniale farà bene a costituire quest'ultimo prima dell'insorgere dei crediti e, pertanto, prima di avviare un'attività imprenditoriale o professionale soprattutto se queste sono particolarmente rischiose. In questo caso sarebbe ben più difficile per il creditore provare che la costituzione è stata fatta appositamente per frodarlo.

SEGRETO n. 38: per diminuire il rischio di subire un'azione revocatoria del fondo patrimoniale da parte dei creditori è opportuno costituirlo prima del sorgere dei crediti.

Altro rischio che si corre con un utilizzo non lecito del fondo patrimoniale è quello penale. Infatti, chi dovesse costituire un fondo patrimoniale al fine di fuggire all'aggressione del fisco, potrebbe incorrere nel reato di sottrazione fraudolenta al pagamento d'imposte.

Tale reato punisce con la reclusione da sei mesi a quattro anni chiunque, al fine di sottrarsi al pagamento d'imposte sui redditi o sul valore aggiunto ovvero d'interessi o sanzioni amministrative relative a dette imposte di ammontare complessivo superiore a euro 50.000,00, aliena simulatamente o compie altri atti fraudolenti sui propri o su altrui beni idonei a rendere in tutto o in parte inefficace la procedura di riscossione coattiva. Occorre, quindi, porre molta attenzione ai motivi che conducono alla costituzione del fondo patrimoniale.

SEGRETO n. 39: l'utilizzo del fondo patrimoniale ai fini di frode fiscale può integrare gli estremi del reato di sottrazione fraudolenta al pagamento d'imposte.

Con riferimento al trattamento fiscale, in fase di costituzione del fondo patrimoniale è importante ricordare che il trattamento fiscale sui beni conferiti è mutevole a seconda che si configuri o no il trasferimento di proprietà di detti beni. Se il coniuge o i coniugi, riservandosi la proprietà, costituiscono i beni in fondo patrimoniale non si è di fronte ad un trasferimento di proprietà o altro diritto reale, dal momento che la proprietà esclusiva resta al coniuge o ai coniugi conferenti.

Si è di fronte, in questo caso, a una convenzione costitutiva di un nuovo regime giuridico, diverso da quello precedente, costitutivo di beni in un patrimonio avente un vincolo di destinazione a carattere reale (perché vincola l'utilizzazione dei beni e dei frutti solo per assicurare il soddisfacimento dei bisogni della famiglia). Sotto il profilo fiscale, si tratta di un atto soggetto al regime di tassazione dell'imposta di registro in misura fissa.

Se invece ci troviamo di fronte ad un'ipotesi in cui l'atto costitutivo del fondo determini il trasferimento della proprietà dei beni in esso conferiti si applicherà l'imposta sulle successioni e donazioni (v. tabella in fondo). Si tratta dei casi di costituzione del fondo patrimoniale:

- da parte di un terzo;
- da parte dei coniugi quando non conferiscano beni di cui già siano comproprietari e non si riservino l'esclusiva proprietà;
- da parte di uno solo di essi che non si riservi l'esclusiva proprietà.

In tali casi non si realizza un semplice vincolo di destinazione sui beni conferiti, ma un effettivo trasferimento della proprietà assimilabile per il fisco a una donazione.

SEGRETO n. 40: se la costituzione del fondo patrimoniale comporta trasferimento della proprietà o di altro diritto reale, esso sarà soggetto all'imposta sulle successioni e donazioni, mentre se non vi è trasferimento si applicherà l'imposta di registro in misura fissa.

Con riferimento alle imposte dirette, invece, la legge prevede che i redditi dei beni che formano oggetto del fondo patrimoniale siano imputati per metà del loro ammontare netto a ciascuno dei coniugi.

In altri termini, al fisco non interessa chi sia l'effettivo proprietario dei beni o in quale quota sia proprietario ma presume che i frutti dei beni vincolati spettino in misura uguale ai coniugi in virtù proprio del vincolo di destinazione ai bisogni della famiglia e, quindi, provvederà a tassarli per la metà quali redditi in capo a ciascuno di essi.

Soggetti passivi d'imposta risultano, pertanto, i coniugi, essendo essi stessi i soggetti cui, per legge, spetta l'amministrazione del patrimonio del fondo, indipendentemente dalla concreta ripartizione della proprietà fra gli stessi o al terzo.

SEGRETO n. 41: indipendentemente dalla loro proprietà i redditi dei beni che formano oggetto del fondo patrimoniale sono imputati per metà del loro ammontare netto a ciascuno dei coniugi.

RIEPILOGO DEL CAPITOLO 4:

- SEGRETO n. 26: Il fondo patrimoniale è previsto per costituire un patrimonio separato da quello dei due coniugi e destinato ai bisogni della famiglia fondata sul matrimonio.
- SEGRETO n. 27: Il fondo patrimoniale stipulato per atto pubblico alla presenza di testimoni si affianca al regime di comunione legale o di separazione dei beni.
- SEGRETO n. 28: I beni che possono costituire oggetto di un fondo patrimoniale sono i beni immobili, i beni mobili registrati e i titoli di credito.
- SEGRETO n. 29: Non possono costituire oggetto di un fondo patrimoniale il denaro, un assegno, una cambiale o oggetti preziosi in quanto non possono essere vincolati con trascrizione su pubblici registri o con altre modalità analoghe.
- SEGRETO n. 30: È necessario che la costituzione del fondo patrimoniale non solo sia trascritta nei pubblici registri ma che sia anche annotata a margine dell'atto di matrimonio dei coniugi.
- SEGRETO n. 31: A essere conferiti nel fondo patrimoniale sono i diritti sui beni, come il diritto di proprietà o il diritto di usufrutto o altri diritti reali.

- SEGRETO n. 32: La proprietà dei beni (o l'usufrutto o altro diritto su di essi) costituenti il fondo patrimoniale spetta a entrambi i coniugi, salvo che sia diversamente stabilito nell'atto di costituzione.
- SEGRETO n. 33: I frutti, sia naturali (i frutti delle piante) sia civili (i canoni di locazione), dei beni conferiti nel fondo patrimoniale sono impiegati per i bisogni della famiglia.
- SEGRETO n. 34: L'amministrazione ordinaria dei beni costituiti in fondo patrimoniale spetta disgiuntamente a entrambi i coniugi e l'amministrazione straordinaria congiuntamente a entrambi salvo che non sia espressamente preveduto il contrario.
- SEGRETO n. 35: È importante quando vi siano figli minori prevedere, al momento della costituzione del fondo, la facoltà di disporre dei beni conferiti nel fondo patrimoniale senza l'autorizzazione del giudice.
- SEGRETO n. 36: L'esecuzione sui beni del fondo e sui frutti di questi non può aver luogo per debiti che il creditore conosceva essere stati contratti per scopi estranei ai bisogni della famiglia, fatto salvo l'intento di frode ai creditori.
- SEGRETO n. 37: La destinazione del fondo cessa a seguito

dell'annullamento del matrimonio, della morte di uno dei coniugi, di divorzio o, secondo alcuni, anche di uno specifico accordo tra i coniugi autorizzato dal giudice.

- SEGRETO n. 38: Per diminuire il rischio di subire un'azione revocatoria del fondo patrimoniale da parte dei creditori è opportuno costituirlo prima del sorgere dei crediti.
- SEGRETO n. 39: L'utilizzo del fondo patrimoniale ai fini di frode fiscale può integrare gli estremi del reato di sottrazione fraudolenta al pagamento d'imposte.
- SEGRETO n. 40: Se la costituzione del fondo patrimoniale comporta trasferimento della proprietà o di altro diritto reale, esso sarà soggetto all'imposta sulle successioni e donazioni, mentre se non vi è trasferimento si applicherà l'imposta di registro in misura fissa.
- SEGRETO n. 41: Indipendentemente dalla proprietà dei beni, i redditi dei beni che formano oggetto del fondo patrimoniale sono imputati per metà del loro ammontare netto a ciascuno dei coniugi.

CAPITOLO 5:
Come proteggersi con il *trust*

Il *trust* è un istituto nato dall'esperienza giuridica inglese ed è caratterizzato da elementi di notevole duttilità funzionale e strutturale che ne consentono l'applicazione a casi e per scopi diversi.

Volendone fornire una descrizione, il *trust* consiste in un rapporto fiduciario, in virtù del quale un soggetto chiamato disponente (*settlor*) trasferisce la proprietà di determinati beni ad un fiduciario (*trustee*) per un fine prestabilito.

Quindi, il *trustee* è investito di un obbligo di gestione, di amministrazione a vantaggio di un terzo soggetto beneficiario o per uno scopo prestabilito dal costituente secondo quanto stabilito dal *settlor* nell'atto costitutivo del *trust*. Per questo, anche il *trust* costituisce una forma di separazione patrimoniale (segregazione): il *trust* imprime un vincolo di destinazione al patrimonio conferito, che lo pone al riparo da possibili pretese dei creditori personali e degli eredi del disponente.

SEGRETO n. 42: il *trust* consiste in un rapporto fiduciario, in virtù del quale un soggetto chiamato disponente (*settlor*) trasferisce la proprietà di determinati beni a un fiduciario (*trustee*) per un fine prestabilito.

Per quanto detto sopra, il *trustee* ha la proprietà formale dei beni oggetto del *trust* ed è tenuto all'amministrazione e alla custodia di tali beni a vantaggio del beneficiario. Questa è la caratteristica basilare del *trust*. Nel *trust* si verifica uno sdoppiamento del diritto di proprietà in capo a due soggetti: chi ha la titolarità sostanziale e chi ne ha la disponibilità economica per i fini determinati dal primo.

Il *trust* si presta a numerosi utilizzi: da quelli legati alla gestione dei beni, a quelli connessi alla tutela degli eredi o di soggetti incapaci di badare a se stessi, a quelli finalizzati a scopi solidaristici e, infine, a quelli tipicamente di garanzia.

SEGRETO n. 43: il *trust*, con lo sdoppiamento tra titolarità sostanziale e formale, può essere impiegato per diverse finalità di gestione dei beni, di tutela degli eredi o di soggetti incapaci di badare a se stessi, di beneficienza, di garanzia.

Nella prassi può accadere anche che il disponente nomini se stesso quale *trustee*. Parliamo in questo caso di *trust* auto-dichiarato. In questo caso, evidentemente, non c'è alcun trasferimento di beni dal disponente al *trustee*, in quanto, appunto la figura di *trustee* e di disponente coincidono.

Si verifica comunque l'effetto segregativo: il disponente mira a realizzare, all'interno del suo patrimonio, un ulteriore patrimonio separato dal primo. Da tale effetto deriverebbe che se il disponente/*trustee* morisse, i beni costituti in *trust* non dovrebbero far parte del patrimonio ereditario, non dovrebbero entrare (se sposato in regime di comunione legale) tra i beni comuni e, soprattutto, non dovrebbero essere pignorabili dai creditori diversi da quelli che vantano le loro ragioni di credito in dipendenza della gestione del *trust*. In ogni caso il *trust* auto-dichiarato proprio per la sua struttura si può prestare a utilizzi fraudolenti e, quindi, vietati dalla legge.

SEGRETO n. 44: nel *trust* auto-dichiarato non c'è alcun trasferimento di beni dal disponente al *trustee*, in quanto, appunto questi due soggetti coincidono e proprio per questo si può prestare a impieghi fraudolenti e, quindi, vietati.

In Italia il *trust* è stato fatto oggetto di una legge entrata in vigore nel 1992 che ha ratificato una convenzione internazionale del 1985. Questa convenzione ha consentito il riconoscimento del *trust* anche per la legge italiana che però non lo disciplina. A seguito dell'entrata in vigore della convenzione, è ammissibile, quindi, costituire un *trust* in Italia da soggetti ivi residenti, su beni siti in Italia, a favore di beneficiari ivi residenti e in cui eventualmente il *trustee* sia residente in Italia e altresì si svolga in Italia l'amministrazione dei beni del *trust* (*trust* interno).

Poiché però la convenzione non si occupa di disciplinare il *trust* (né esiste altra legge italiana che se ne occupi), ma solo di chiarire che cosa succede se è costituito con le caratteristiche ora indicate, occorrerà individuare al momento della sua costituzione una legge straniera che lo disciplini (ad esempio la legge inglese).

SEGRETO n. 45: dal 1992 è possibile costituire un *trust* in Italia da soggetti ivi residenti, su beni siti in Italia, a favore di beneficiari ivi residenti, e in cui eventualmente il *trustee* sia residente in Italia e altresì si svolga in Italia l'amministrazione dei beni del *trust* (detto *trust* interno).

Il *trust* previsto da tale convenzione internazionale è quello costituito in forza di un testamento o di un atto del disponente con il quale si pongono uno o più beni sotto il controllo di un *trustee* a vantaggio di qualcuno (beneficiario) o per uno scopo predeterminato. Pertanto, il *trust* può essere costituito anche in funzione di protezione del patrimonio. Quello che è fondamentale è, però, che di per sé, l'effetto di segregazione del patrimonio debba essere il fine e non la causa della costituzione del *trust*.

Detto in altri termini si potrà costituire un *trust* destinando alcuni beni alla protezione della famiglia (ad esempio, per garantire ai figli oggi minori o affetti da disabilità una gestione dei beni da parte del *trustee* rispettivamente sino al raggiungimento della maggiore età o vita natural durante) e non perché si vogliono sottrarre i beni dall'assalto dei creditori.

Su tale causa si fonderà l'effetto di separazione di tali beni rispetto al restante patrimonio del disponente. Invece, un *trust* che si fondasse solo sull'esigenza di separazione dei beni (per sottrarli, ad esempio, all'aggressione dei creditori) senza alcuna apprezzabile causa rischierebbe di essere ritenuto illecito dai giudici.

SEGRETO n. 46: per costituire un *trust* che non sia attaccabile in giudizio occorre che la separazione patrimoniale sia l'effetto e non la causa della costituzione.

In altre parole i giudici hanno il potere di non riconoscere un *trust* costituito in frode alla legge o che comunque realizzi effetti contrari all'ordinamento italiano. L'esame della giurisprudenza italiana (cioè delle pronunce dei giudici) sul *trust* mostra chiaramente come esso non possa essere utilizzato per realizzare finalità illecite, come frodare i creditori.

A partire poi dal 2005, è possibile trascrivere sui pubblici registri il *trust*. Infatti, una nuova norma introdotta nel codice civile consente la trascrivibilità di atti (pubblici) con cui beni immobili o beni mobili registrati siano "destinati" alla realizzazione di interessi meritevoli di tutela riferibili a persone con disabilità, a pubbliche amministrazioni, o ad altri enti o persone fisiche.

SEGRETO n. 47: dal 2005 è consentita la trascrivibilità di atti (pubblici) con cui beni immobili o beni mobili registrati siano "destinati" alla realizzazione di interessi meritevoli di tutela riferibili a persone con disabilità, a pubbliche amministrazioni, o ad altri enti o persone fisiche.

Anche se la legge parla di destinazione e non di *trust*, la norma è comunque stata pensata innanzitutto per quest'ultimo. Infatti, tale novità introduce anche in Italia una figura generale di negozio di destinazione e, quindi, è naturale che tale norma sia applicabile anche al *trust* o meglio che introduca una disciplina che regoli il *trust* italiano cioè il negozio di destinazione.

In questo modo si è risolto il problema, che prima era molto discusso, della trascrivibilità del *trust*/negozio di destinazione avente a oggetto beni immobili. Quello che è importante ricordare, in questo corso, è che i beni conferiti e i loro frutti (ad esempio gli interessi) possano essere impiegati solo per la realizzazione del fine di destinazione e possono costituire oggetto di esecuzione solo per debiti contratti per tale scopo.

Si tratta, pertanto, di uno strumento che sortisce effetti simili a quelli già visti per il fondo patrimoniale. L'importante è, ovviamente, che il *trust*/negozio di destinazione sia trascritto prima dell'eventuale pignoramento da parte del creditore personale del disponente.

SEGRETO n. 48: i beni conferiti e i loro frutti (ad esempio gli interessi) oggetto di un *trust*/negozio di destinazione possono costituire oggetto di esecuzione solo per debiti contratti per tale scopo.

Comunque sia vista la relativa novità di tale strumento, sarà sempre innanzitutto necessario individuare correttamente gli interessi meritevoli di tutela che la destinazione intende raggiungere. È, poi, importante rivolgersi a un consulente (notaio, avvocato o commercialista) che sia, effettivamente e in modo comprovato, esperto per predisporre un *trust*/negozio di destinazione che possa avere la capacità di resistere a eventuali cause o pignoramenti da parte di soggetti estranei allo scopo impresso ai beni.

SEGRETO n. 49: è importante rivolgersi a un consulente (notaio, avvocato o commercialista) che sia esperto per predisporre un *trust*/negozio di destinazione che possa avere la capacità di resistere a eventuali cause o pignoramenti da parte di soggetti estranei allo scopo impresso ai beni.

Con riferimento agli aspetti fiscali, dobbiamo dire innanzitutto che il *trust* è considerato soggetto tributario per semplificare il prelievo delle imposte in quanto il *trustee* non può disporre dei beni. È stata cioè riconosciuta al *trust* un'autonoma soggettività tributaria estendendo a esso l'imposta tipica delle società, degli enti commerciali e non commerciali (Ires, Imposta sul reddito delle società).

SEGRETO n. 50: il *trust* è considerato soggetto tributario

estendendo a esso l'imposta tipica delle società, degli enti commerciali e non commerciali (Ires, Imposta sul reddito delle società).

Questo comporta che il *trust* deve richiedere all'agenzia delle entrate il codice fiscale e, qualora eserciti un'attività commerciale, deve richiedere anche la partita iva (e dotarsi delle scritture contabili dell'imprenditore).

In particolare, sono soggetti all'imposta sul reddito delle società:

- i *trust* residenti nel territorio dello Stato che hanno per oggetto esclusivo o principale l'esercizio di attività commerciali;
- i *trust* residenti nel territorio dello Stato che non hanno per oggetto esclusivo o principale l'esercizio di attività commerciali;
- i *trust* non residenti, per i redditi prodotti nel territorio dello Stato.

Oltre alla tassazione dei redditi in capo al *trust* è però possibile la tassazione direttamente in capo ai beneficiari, quali redditi di capitale, se questi sono chiaramente individuati in sede di costituzione o successivamente (chiamato *trust* trasparente). Può accadere che il *trust* preveda entrambe le situazioni e allora i due sistemi di tassazione coesisteranno *pro quota* (chiamato *trust* misto).

SEGRETO n. 51: nel *trust* trasparente (in cui sono individuati solo i beneficiari) o misto (in cui sono individuati non solo i beneficiari) i beneficiari sono tassati in tutto o in parte come percettori di redditi di capitale.

Con riferimento alle imposte indirette ricordiamo che l'agenzia delle entrate ha chiarito che il *trust* è sempre sottoposto all'imposta sulle successioni e donazioni da corrispondersi in misura proporzionale al momento della segregazione del patrimonio. Ciò anche se nel *trust* non vi è un trasferimento della proprietà o di altri diritti come nel caso di *trust* auto-dichiarato di cui abbiamo detto in precedenza.

È bene però ricordare che la stessa agenzia delle entrate ha, in via generale, affermato che i vincoli di destinazione, nell'ambito del quale rientrano anche i *trust*, sono soggetti all'imposta sulle successioni e donazioni (v. tabella in fondo) solo se hanno quale effetto il trasferimento della proprietà o di altri diritti, mentre laddove non abbiano tal effetto sconteranno l'imposta di registro in misura fissa (come già visto a proposito del fondo patrimoniale).

SEGRETO n. 52: mentre, in generale, i vincoli di destinazione sono sottoposti all'imposta sulle successioni e donazioni solo se hanno un effetto traslativo, i *trust* sono sempre tassati con tale imposta.

RIEPILOGO DEL CAPITOLO 5:

- SEGRETO n. 42: Il *trust* consiste in un rapporto fiduciario, in virtù del quale un soggetto chiamato disponente (*settlor*) trasferisce la proprietà di determinati beni a un fiduciario (*trustee*) per un fine prestabilito.
- SEGRETO n. 43: Il *trust*, con lo sdoppiamento tra titolarità sostanziale e formale, può essere impiegato per diverse finalità di gestione dei beni, di tutela degli eredi o di soggetti incapaci di badare a se stessi, di beneficienza, di garanzia.
- SEGRETO n. 44: Nel *trust* auto-dichiarato non c'è alcun trasferimento di beni dal disponente al trustee, in quanto, appunto questi due soggetti coincidono e proprio per questo si può prestare a impieghi fraudolenti e, quindi, vietati.
- SEGRETO n. 45: Dal 1992 è possibile costituire un *trust* in Italia da soggetti ivi residenti, su beni siti in Italia, a favore di beneficiarî ivi residenti, e in cui eventualmente il *trustee* sia residente in Italia e altresì si svolga in Italia l'amministrazione dei beni del *trust* (detto *trust* interno).
- SEGRETO n. 46: Per costituire un *trust* che non sia attaccabile in giudizio occorre che la separazione patrimoniale sia l'effetto e non la causa della costituzione.

- SEGRETO n. 47: Dal 2005 è consentita la trascrivibilità di atti (pubblici) con cui beni immobili o beni mobili registrati siano “destinati” alla realizzazione di interessi meritevoli di tutela riferibili a persone con disabilità, a pubbliche amministrazioni, o ad altri enti o persone fisiche.
- SEGRETO n. 48: I beni conferiti e i loro frutti (ad esempio gli interessi) oggetto di un *trust*/negozio di destinazione possono costituire oggetto di esecuzione solo per debiti contratti per tale scopo.
- SEGRETO n. 49: È importante rivolgersi a un consulente (notaio, avvocato o commercialista) che sia esperto per predisporre un *trust*/negozio di destinazione che possa avere la capacità di resistere a eventuali cause o pignoramenti da parte di soggetti estranei allo scopo impresso ai beni.
- SEGRETO n. 50: Il *trust* è considerato soggetto tributario estendendo a esso l’imposta tipica delle società, degli enti commerciali e non commerciali (Ires, Imposta sul reddito delle società).
- SEGRETO n. 51: Nel *trust* trasparente (in cui sono individuati solo i beneficiari) o misto (in cui sono individuati non solo i beneficiari) i beneficiari sono tassati in tutto o in parte come

percettori di redditi di capitale.

- SEGRETO n. 52: Mentre, in generale, i vincoli di destinazione sono sottoposti all'imposta sulle successioni e donazioni solo se hanno un effetto traslativo, i *trust* sono sempre tassati con tale imposta.

Conclusioni.

Nei capitoli che precedono abbiamo spiegato quali siano gli strumenti per assumere iniziative volte a proteggere i nostri beni. Dopo aver descritto in quali occasioni è bene che ci poniamo un problema di protezione del patrimonio, abbiamo analizzati i principali mezzi che possiamo utilizzare in concreto con i loro elementi di forza e i loro limiti.

Tali strumenti dovranno essere verificati nel concreto, sulla base di ogni specifica situazione, insieme con professionisti qualificati (avvocati, commercialisti, notai e fiscalisti) che dovranno accompagnarci passo passo nell'individuazione della migliore strategia. Ovviamente quanto descritto, ha lo scopo di fornire le prime "istruzioni per l'uso" e, quindi, non può che costituire un primo passo verso una corretta individuazione dei mezzi migliori. In ogni caso, qualunque sia la pianificazione che intendiamo adottare occorre che essa sia attentamente valutata in relazione sia alla tipologia di beni che intendiamo proteggere sia al loro valore soprattutto se paragonato ai costi che l'adozione di tali strumenti comporta. Ovviamente l'adozione di tali strumenti non esclude che comunque possiamo essere destinatari di azioni ed esecuzioni da parte dei creditori. Quello che è fondamentale che siano state fatte le migliori scelte possibili per la protezione/difesa dei nostri beni in relazione alla specificità del singolo caso.

Poi, come ogni cosa di questa vita, per la riuscita del nostro piano avremo bisogno di una serie combinata di elementi: (in)formazione (per sapere quello che ci si aspetta ed assumere i rischi consapevolmente); realismo (sapere su quali risorse possiamo contare); impegno (non trascurare nessun particolare) e forza di volontà (essere determinati al raggiungimento del risultato). Sicuramente il fatto stesso di aver deciso di acquistare questo corso significa che siamo già sulla via giusta.

Rileggiamo con attenzione le pagine che precedono e contattiamo subito i nostri consulenti per scegliere al più presto la soluzione e la strategia che meglio si adatti alla nostra situazione.

Appendice.

1. Fac-simile di incarico fiduciario predisposto da Assofiduciaria

Spett.le

………….

………….

….. sottoscritt…(1)

………………...

………………...

(d'ora in avanti indicat… come FIDUCIANTE) con la presente conferisce …… alla Vostra Società (d'ora in avanti indicata come FIDUCIARIA) l'incarico di assumere a proprio nome e per mio/nostro conto ed a mie/nostre esclusive spese, avuto riguardo all'attività da Essa esplicata a norma della L. 23 novembre 1939 n. 1966, e successive integrazioni, l'amministrazione fiduciaria delle attività mobiliari (d'ora in avanti indicate come VALORI) qui di seguito elencate, secondo le specifiche istruzioni che vi saranno impartite, fino all'eventuale scadenza o revoca e nel rispetto delle clausole generali a tergo riportate (*).

VALORI OGGETTO DELL'INCARICO

Ente depositario:

I suddetti VALORI, che se nominativi potranno essere intestati fiduciariamente alla Vostra Società, e dalla stessa amministrati per effetto della presente lettera di incarico, sono di esclusiva proprietà del FIDUCIANTE salvo diversa misura e diritti precisati con dichiarazione a parte in sede di descrizione dei VALORI stessi. Alla loro individuazione – anche ai sensi e per effetti dell'Art. 1378 C.C. rispetto ai beni di chiunque altro – si provvede mediante distinta, ovvero mediante altre idonee modalità di individuazione in relazione alle clausole generali.

Oltre al rimborso di ogni onere e spesa (postali, telefoniche, bolli e tasse, trasferte, commissioni bancarie, onorari per la consulenza e l'assistenza di professionisti ed altri esperti come previsto nelle condizioni generali), il FIDUCIANTE riconoscerà i corrispettivi dettagliatamente specificati, unitamente ai relativi criteri di applicazione, nell'allegato prospetto che costituisce parte integrante del presente incarico.

Il parametro per la valorizzazione delle attività mobiliari adottato per la commisurazione dei corrispettivi sarà il valore nominale ovvero, se maggiore, il prezzo rilevato in occasione delle operazioni effettuate tramite la FIDUCIARIA od altro valore eventualmente indicato dal FIDUCIANTE ai soli fini del presente rapporto.

Le clausole e le condizioni generali del presente incarico si applicano alle attività mobiliari amministrate inizialmente ed a quelle derivanti dalle operazioni di investimento o disinvestimento poste in essere sulla base di specifici incarichi successivi, nonché ai diritti, ai proventi ed ai frutti comunque maturati o riferibili alle attività mobiliari oggetto dell'incarico.

Qualora il FIDUCIANTE non abbia provveduto al pagamento dei corrispettivi, e delle spese e dei rimborsi addebitati entro 60 giorni dalla relativa richiesta, gli importi dovuti potranno essere maggiorati di interessi di mora, nella misura del tasso ufficiale di sconto maggiorato di ...... punti a decorrere dalla data indicata nella richiesta. Detti interessi saranno dovuti senza bisogno di formale costituzione in mora del FIDUCIANTE.

Nell'ipotesi in cui la FIDUCIARIA dovesse essere contemporaneamente creditrice e debitrice, a qualsiasi titolo e anche per rapporti diversi, si procederà in ogni caso alla compensazione tra le rispettive posizioni di debito e credito.

Firma

....

....

....

Ai sensi e per gli effetti di cui agli artt. 1341 e 1342 C.C., il FIDUCIANTE dichiara di aver preso conoscenza delle condizioni tutte di cui alle clausole generali a tergo riportate e dichiara di approvarle integralmente.

In particolare il FIDUCIANTE approva specificamente le clausole che prevedono:

- l'approvazione dell'operato della FIDUCIARIA in assenza di istruzioni tempestive (clausola 2 lett. d);
- l'esonero della FIDUCIARIA da responsabilità per il voto "divergente" (clausola 2 lett. d) e per l'eventuale mancato esperimento di azioni giudiziarie (clausola 4);
- la facoltà di revoca e la facoltà di impartire istruzioni circa il trasferimento dei VALORI, attribuita a

ciascun FIDUCIANTE tra più FIDUCIANTI (clausola 7);

- la facoltà di rinuncia all'incarico da parte della FIDUCIARIA (clausola 9),
- l'esonero da responsabilità per la FIDUCIARIA nella ipotesi di cui alla clausola 11;
- la manleva a favore della FIDUCIARIA di cui alla clausola (12);
- l'elezione di domicilio (clausola 15);
- criteri per il computo dei termini (clausola 16).

Inoltre, ai sensi e per gli effetti di cui alla Legge 31 dicembre 1996, n. 675 il FIDUCIANTE prende atto che i dati personali riportati nel presente contratto e che saranno in futuro forniti alla FIDUCIARIA ad integrazione e/o modifica degli stessi, nonché ogni altro dato raccolto dalla FIDUCIARIA riconducibile al rapporto di cui al presente incarico, saranno soggetti a trattamento da parte della FIDUCIARIA per finalità contrattuali – e Quindi, anche in relazione all'esecuzione di incarichi specifici di volta in volta impartiti per iscritto dal FIDUCIANTE – ed in adempimento ad obblighi di legge, di regolamento e di normativa comunitaria. Il FIDUCIANTE prende altresì atto che la comunicazione a terzi dei dati sarà dalla FIDUCIARIA effettuata in adempimento ad obblighi di legge, di regolamento e di normativa comunitaria.

Firma

....

....

....

Vorrete confermare il Vostro accordo su quanto sopra, inviando copia della presente da Voi firmata per accettazione; vorrete altresì confermare la conformità delle clausole generali di contratto a tergo riportare alle clausole contenute nello schema di incarico fiduciario trasmesso al Ministero Industria Commercio ed Artigianato quale organo di vigilanza sulle società fiduciarie e di revisione.

DATI ANAGRAFICI COMPLETI:

....

cognome, nome o ragione sociale residente valutario

....

luogo di nascita provincia data di nascita

....

residenza o sede sociale C.A.P. località provincia

....

nazionalità codice fiscale telefono

....

Corrispondenza presso

CLAUSOLE GENERALI

CONFORMI A QUELLE CONTENUTE NELLO SCHEMA DI INCARICO FIDUCIARIO TRASMESSO AL MINISTERO DELL'INDUSTRIA, DEL COMMERCIO E DELL'ARTIGINATO

1) La FIDUCIARIA depositerà i VALORI affidati alla sua amministrazione presso le Banche, indicate nel frontespizio, di gradimento della FIDUCIARIA salvo specifiche istruzioni del FIDUCIANTE, in apposito conto di amministrazione fiduciaria, con espressa facoltà di sub deposito, presso Monte Titoli S.p.A. o altri enti di deposito accentrato. La FIDUCIARIA provvederà, ove necessario e per i tempi strettamente necessari per le esigenze operative, a tenere depositati i VALORI ad essa affidati presso i propri uffici, le casse sociali delle società emittenti e/o presso altri soggetti, in conformità ad espresse disposizioni del FIDUCIANTE in tal senso e fino a revoca delle stesse.

2) La FIDUCIARIA nell'esecuzione dell'incarico compirà per conto del FIDUCIANTE tutti gli atti di amministrazione dei valori affidati.

La FIDUCIARIA potrà compiere tutti gli atti necessari e strumentali all'esecuzione dell'incarico e, a titolo esemplificativo e non esaustivo, provvederà:

a) ad incassare dividendi, utili, interessi, premi, rimborsi di capitali ed ogni altro provento spettante ai VALORI come sopra affidati in amministrazione fiduciaria, salvo diverse istruzioni scritte del FIDUCIANTE. Quest'ultimo dovrà specificare – nel caso di possibilità alternative – il regime fiscale da richiedere; in particolare, in caso di utili societari relativi a partecipazioni non qualificate, in mancanza di istruzioni specifiche gli stessi saranno assoggettati alla applicazione della ritenuta a titolo d'imposta di cui all'art. 27 del DPR n. 600/73;

b) ad assumere in amministrazione i VALORI provenienti da operazioni a titolo gratuito esenti da ogni onere;

c) ad assumere in amministrazione i VALORI derivanti da operazioni a pagamento ovvero a titolo gratuito non esenti da oneri a condizione che il FIDUCIANTE abbia dato conformi istruzioni alla FIDUCIARIA in ordine all'esercizio dei diritti non oltre il 10° giorno anteriore alla chiusura delle operazioni ed a condizione che abbia provveduto a fornire alla FIDUCIARIA stessa – contestualmente alle istruzioni – i fondi necessari all'esercizio dei diritti medesimi; qualora per qualsiasi ragione, non pervenissero in tempo utile alla FIDUCIARIA le istruzioni di cui sopra, ovvero non fossero ad essa accreditati i necessari fondi per l'esercizio dei diritti, resta salva la facoltà della FIDUCIARIA di esitare sul mercato al meglio i diritti stessi per conto e nell'interesse del FIDUCIANTE;

d) ad esercitare il diritto di voto relativo ai VALORI affidati in amministrazione fiduciaria, previe istruzioni del FIDUCIANTE o della persona da lui designata, che dovranno pervenire per iscritto non oltre il 5° giorno anteriore alla data fissata per l'Assemblea, purché alla FIDUCIARIA siano già pervenute istruzioni del FIDUCIANTE per il deposito dei titoli almeno il 10° giorno anteriore.

In assenza di tempestive specifiche istruzioni la FIDUCIARIA, nell'interesse del FIDUCIANTE ed allo scopo di consentirgli – nel limite del possibile – l'esercizio dei suoi diritti, è autorizzata, a proprio insindacabile giudizio, a depositare i VALORI per l'Assemblea ed è, comunque, obbligata ad astenersi dal partecipare all'Assemblea stessa.

Nel caso siano pervenute nello stesso termine istruzioni divergenti da parte di titolari di altri rapporti fiduciari aventi per oggetto valori della stessa specie la FIDUCIARIA è manlevata da ogni responsabilità in ordine sia all'esercizio divergente dei diritti di voto sia in ordine alla mancata ammissione all'esercizio del voto stesso.

3) Nel corso dello svolgimento dell'incarico il FIDUCIANTE non può autonomamente compiere in nome della FIDUCIARIA atti di ordinaria o straordinaria amministrazione sui VALORI alla stessa affidati in amministrazione o provvedere a regolare direttamente operazioni in nome della FIDUCIARIA effettuando o ricevendo pagamenti.

Qualora il FIDUCIANTE intenda trasferire a terzi i VALORI affidati in amministrazione fiduciaria, la FIDUCIARIA provvederà, dietro semplice richiesta scritta, alla esecuzione delle formalità di trasferimento a favore del terzo, previo rimborso delle spese e commissioni spettanti, fatte comunque salve le facoltà previste ai successivi punti 5, 9 e 14. Eventuali commissioni a favore della FIDUCIARIA per il suo intervento nell'operazione dovranno essere preventivamente convenute per iscritto tra il FIDUCIANTE e la FIDUCIARIA.

Nella richiesta di trasferimento il FIDUCIANTE dovrà indicare l'eventuale prezzo e le modalità di cessione. Qualora il trasferimento sia limitato a parte dei suddetti VALORI o comporti il sorgere di un credito, resta inteso, salvo contrarie disposizioni scritte, che il presente incarico manterrà la sua piena efficacia relativamente ai VALORI restanti, intendendosi esclusa, da parte sia del FIDUCIANTE sia della FIDUCIARIA, qualsiasi novazione.

È fatto divieto alla FIDUCIARIA di cedere il contratto a terzi.

4) Eventuali azioni giudiziarie o l'attivazione di procedure arbitrali nei confronti di terzi connesse ai VALORI in amministrazione fiduciaria dovranno formare oggetto di specifici accordi scritti tra FIDUCIANTE e FIDUCIARIA.

5) La FIDUCIARIA non potrà eseguire le istruzioni ove i mezzi necessari per lo svolgimento dell'incarico non le siano stati messi tempestivamente a disposizione essendo tassativo obbligo del

FIDUCIANTE anticipare i mezzi occorrenti alla FIDUCIARIA per lo svolgimento dell'incarico ovvero prestare garanzie ritenute idonee.

La FIDUCIARIA comunque si riserva la facoltà di non accettare le istruzioni o di sospenderne la esecuzione, dandone, in tale ipotesi, pronta comunicazione al FIDUCIANTE qualora esse, secondo il suo apprezzamento, appaiano contrarie a norme di legge, regolamentari, pregiudizievoli dalla sua onorabilità e professionalità, non conformi alla sua operatività o comunque, lesive dei suoi diritti soggettivi.

6) Qualora il FIDUCIANTE, nel corso dello svolgimento dell'incarico, abbia compiuto in nome della FIDUCIARIA atti di ordinaria o straordinaria amministrazione sui VALORI affidati in amministrazione stessa o abbia provveduto a regolare direttamente operazioni in nome della FIDUCIARIA effettuando o ricevendo pagamenti, la FIDUCIARIA stessa ha facoltà di recedere per giusta causa dal contratto, in deroga a quanto previsto dal successivo art. 9, senza obbligo di preavviso, mediante raccomandata a.r. con effetto dal Ricevimento della comunicazione da parte del cliente.

   Indipendentemente dall'esercizio della facoltà di recesso da parte della FIDUCIARIA, per tutti gli atti di cui al comma precedente compiuti dal FIDUCIANTE spetteranno alla FIDUCIARIA gli stessi corrispettivi che la stessa avrebbe ricevuto nel caso gli atti medesimi fossero stati posti in essere dalla FIDUCIARIA stessa su istruzioni del FIDUCIANTE secondo la corretta esecuzione del rapporto.

7) In caso di più FIDUCIANTI, l'incarico si intende conferito, ad ogni effetto e salvo diversa pattuizione, con firma disgiunta di ognuno di essi. Ciascuno dei FIDUCIANTI ha diritto di chiedere l'adempimento per intero delle obbligazioni nascenti dal rapporto fiduciario e l'adempimento conseguito da uno di essi libera la FIDUCIARIA verso tutti i FIDUCIANTI.

   Pertanto, ogni disposizione per l'amministrazione, sia ordinaria sia straordinaria, di revoca dell'incarico e di trasferimento totale o parziale dei VALORI, potrà essere impartita con firma singola da ognuno dei FIDUCIANTI.

   Qualora prima dell'esecuzione pervengano disposizioni divergenti, la FIDUCIARIA limiterà la sua attività alla semplice amministrazione ordinaria dei VALORI, fino a che non le vengano comunicate istruzioni scritte, d'accordo fra tutti i FIDUCIANTI.

   Gli obblighi nei confronti della FIDUCIARIA sono assunti dai FIDUCIANTI in via solidale.

8) Salvo diverse disposizioni del FIDUCIANTE, la FIDUCIARIA provvederà ad accreditare le somme ricevute dal FIDUCIANTE e non immediatamente utilizzate e le somme provenienti da eventuali vendite di titoli e di diritti di opzione ed di assegnazione, dall'incasso di eventuali utili ed in genere ogni altra somma derivante dall'amministrazione fiduciaria e non immediatamente ritirata, su conti

fiduciari aperti presso Aziende di Credito (conti che non potranno essere in alcun modo utilizzati per la gestione propria della FIDUCIARIA). Qualora nel termine di 5 giorni non avvenga l'impiego o il ritiro delle somme come sopra depositate la FIDUCIARIA provvederà ad accreditare le predette somme su apposito conto fiduciario aperto esclusivamente in relazione al presente incarico. La FIDUCIARIA, provvederà in tal caso a riconoscere al FIDUCIANTE le somme versate sul predetto conto fiduciario ed i relativi interessi, al netto delle ritenute di legge secondo le istruzioni impartite dal FIDUCIANTE stesso.

Per tali conti fiduciari la FIDUCIARIA avrà cura di convenire con le Banche depositarie l'esclusione della compensazione di cui all'art. 1853 c.c. tra i saldi di ciascuno dei conti rubricati come fiduciari ed i saldi di ogni altro conto intrattenuto dalla FIDUCIARIA con la Banca.

La FIDUCIARIA con cadenza almeno annuale, invierà al FIDUCIANTE la situazione della consistenza analitica dei VALORI in amministrazione, nonché le variazioni intervenute nel periodo di riferimento in correlazione alle istruzioni eseguite o per altra causa.

9) Sia il FIDUCIANTE, sia la FIDUCIARIA potranno rispettivamente recedere dal presente incarico con un preavviso di quindici giorni da comunicare per iscritto mediante raccomandata a.r. con effetto dal ricevimento della comunicazione medesima.

La FIDUCIARIA provvederà in tal caso a restituire i VALORI al FIDUCIANTE dando luogo, a spese di quest'ultimo, alle necessarie formalità di legge, non appena esaurite le eventuali operazioni in corso.

Ove il FIDUCIANTE non abbia a ritirare immediatamente i VALORI, la FIDUCIARIA ne resterà semplice depositaria, senza alcun obbligo di amministrazione fino al loro ritiro.

La FIDUCIARIA potrà comunque ritenere i VALORI fino ad integrale soddisfazione di tutte le ragioni, comunque derivanti dal presente incarico come semplice depositaria senza alcun obbligo di amministrazione fino all'integrale soddisfacimento.

Il FIDUCIANTE potrà altresì revocare o modificare in ogni momento con comunicazione da inviare per iscritto alla FIDUCIARIA i singoli poteri alla stessa conferiti per l'esecuzione dell'incarico.

10) Nel caso di recesso di una delle parti o nel caso di risoluzione o, comunque, di cessazione degli effetti del presente incarico, il FIDUCIANTE è obbligato a porre in essere tutti gli atti idonei a garantire il ritrasferimento in capo a sé medesimo o ad altro soggetto, che dallo stesso venga indicato, dei VALORI affidati.

11) La responsabilità della FIDUCIARIA è regolamentata dagli artt. 1218, 1710 e 1717 c.c.

La FIDUCIARIA, nell'esecuzione dell'incarico è autorizzata in via generale, a termine dell'art, 1717 2° comma c.c. e con gli effetti ivi previsti, a sostituire a se altri per il compimento di atti ai quali non sia direttamente abilitata. Fuori da quest'ultima ipotesi e da quella in cui la sostituzione per il compimento di uno specifico atto e degli atti connessi sia stata espressamente autorizzata dal FIDUCIANTE, la FIDUCIARIA risponde dell'operato del suo sostituto, a termine degli artt. 1228 e 2049 c.c.

La FIDUCIARIA non risponderà dei fatti, ivi compresi i ritardi e smarrimenti ascrivibili alle Aziende ed Istituti di Credito ad altri intermediari autorizzati per il tramite dei quali dovesse effettuare i trasferimenti di VALORI, ovvero delle Poste e/o altri vettori autorizzati.

12) La FIDUCIARIA viene sollevata da qualunque onere di natura fiscale che derivi direttamente od indirettamente dall'esecuzione del presente incarico.

 Il FIDUCIANTE dichiara per se, i suoi eredi ed aventi causa a qualsiasi titolo, di manlevare la FIDUCIARIA da pregiudizi, danni, spese legali e comunque ogni tipo di onere che la stessa dovesse subire in relazione all'esecuzione dell'incarico.

13) Ove la FIDUCIARIA non invii di volta in volta la documentazione afferente ai singoli atti posti in essere per conto del FIDUCIANTE, la stessa provvederà a rendere conto al FIDUCIANTE medesimo dell'attività svolta con cadenza almeno annuale.

14) La FIDUCIARIA si riserva di opporre al FIDUCIANTE e ai terzi eventuali vincoli di legge, statutari o contrattuali comunque limitanti la libera trasferibilità dei VALORI oggetto dell'incarico siano essi preesistenti, contestuali o sopravvenuti rispetto al momento del conferimento dello stesso.

15) Ogni dichiarazione, comunicazione o notifica sarà validamente eseguita dalla FIDUCIARIA all'indirizzo indicato dal FIDUCIANTE all'atto del conferimento dell'incarico o fatto conoscere successivamente per iscritto. In caso di più fiducianti, ove non sia indicato un indirizzo comune o impartite istruzioni particolari, la comunicazione eseguita ad uno solo di essi sarà operante con pieno effetto anche nei confronti degli altri. Ogni dichiarazione, comunicazione o notifica alla FIDUCIARIA dovrà essere inviata per iscritto agli uffici della Società in ………………..

16) Tutti i termini, previsti in giorni, nel presente contratto si computano tenendo conto dei soli giorni feriali, escluso il sabato.

2. Schema di atto di costituzione di fondo patrimoniale

ATTO DI COSTITUZIONE DI FONDO PATRIMONIALE

Repubblica Italiana

L'anno ……………., il giorno ……………….. del mese di ……………………., in davanti a me dott. ………………., notaio iscritto nel Collegio del Distretto Notarile di ……………., presenti i signori ………………., e ……………………, testimoni noti e idonei, sono comparsi i coniugi:

……………………………………………………………

e

…………………………………………………………… ,

delle cui identità personali io Notaio sono certo, i quali, in presenza mia e dei testimoni, dichiarano:

1. Hanno contratto matrimonio in data ……… .

2. Dal matrimonio sono nati i figli minori ……………………………… .

3. Con lo scopo di costituire un fondo patrimoniale per la

famiglia, conferiscono i seguenti beni: .

4. I frutti di tali beni serviranno ai bisogni della famiglia. La proprietà dei beni stessi spetterà a entrambi i coniugi.

I beni costituenti il fondo patrimoniale potranno essere alienati, ipotecati, dati in pegno o comunque vincolati con il solo consenso di entrambi i coniugi.

Il valore delle parti attribuito agli immobili sopra descritti ai nn. 1 e 2 , è di ....

Il presente atto, ai sensi dell'art. 162 c.c., sarà annotato a margine del relativo atto di matrimonio e sarà trascritto, ai sensi dell'art. 2647 c.c., presso la competente Conservatoria dei Registri Immobiliari.

Le spese del presente atto e conseguenti sono a carico delle parti, come per legge.

Richiesto io Notaio ho ricevuto il presente atto che, alla presenza dei testimoni, ho letto alle Parti costituite, le quali, a mia domanda, dichiarano di approvarlo ed in fede con i testimoni e me Notaio lo sottoscrivono nei modi di legge.

Scritto in parte con mezzi meccanici da persona di mia fiducia e in parte a mano da me Notaio su foglio di cui occupa.

Letto, confermato e sottoscritto

Firma

Firma

3. Schema esempio di atto istitutivo di *trust*

ATTO ISTITUTIVO DI TRUST

Con la presente scrittura, da conservare agli atti del Notaio che autenticherà le firme, si conviene quanto appreso tra:

………………………., nato a ………………., il ………………… e residente in ………………….., via …………………………, n. …, CF: ………………………………….., di professione ……………………………, di seguito indicato come " Disponente";

e

……………………….., nata a …………….. il ……………e residente in ……………., via …………………., n. …, CF:…………………, di seguito indicato come "Fiduciario".

PREMESSO

che il Disponente intende costituire in Italia un trust al quale si applicano le disposizioni della Convenzione dell'Aja del 1° luglio 1985, ratificata dalla Repubblica Italiana con legge 16 ottobre

1989, n. 364, entrata in vigore il 1° gennaio 1992, salvo disposizioni di maggiore favore;

che il Disponente trasferisce in questo momento al Fiduciario appresso nominato, la somma di ...., per mezzo di assegno bancario n. .... tratto sulla banca di ....;

che il Disponente intende trasferirgli successivamente altri beni e mezzi.

***

Ciò premesso le parti suindicate convengono e stipulano quanto segue.

Art. 1 Premesse. Le premesse costituiscono parte integrante e sostanziale della presente scrittura privata.

Art. 2 Costituzione ed accettazione. Il Disponente istituisce un trust denominato "............................".

Il trust è irrevocabile ed ha la durata di .... anni.

Fiduciario è nominato .... che accetta tale nomina e le relative condizioni.

Fiduciari possono essere nominati solo soggetti residenti in Italia.

Guardiano viene nominata ...., che accetta tale nomina e le relative condizioni.

Art. 3 Conferimento. Allo scopo di dotare il trust di idonei mezzi il Disponente sin d'ora conferisce allo stesso la somma iniziale di Euro .... (....................) che sarà utilizzata dal Fiduciario per aprire un conto corrente bancario a nome del trust presso la Banca .... – Filiale di ...., con esonero da ogni responsabilità per la Banca stessa.

Potranno entrare nel patrimonio del trust altri beni mobili, immobili e diritti in Italia o all'Estero che il Disponente stesso o altri, con il consenso del Disponente, se vivente, possano conferire al trust.

Sono beni del trust tali conferimenti, i frutti degli stessi ed ogni bene e diritto acquistato per mezzo di beni del trust o pervenuto quale corrispettivo dell'alienazione dei beni del trust.

Qualora beni immobili siano inclusi tra beni in trust, il Fiduciario può consentire a uno o più beneficiari o loro familiari di abitarvi e/o di utilizzarlo per altro uso, permanentemente o stagionalmente, a secondo della destinazione dell'immobile, a titolo di comodato precario.

Il denaro conferito in trust, potrà essere investito, a discrezione del Fiduciario, in titoli di Stato o comunque in forme di investimento che lo stesso riterrà opportune, previo parere del Guardiano.

I beni del trust sono separati dal patrimonio personale del Fiduciario, non formano oggetto della sua successione ereditaria, non fanno parte di alcun regime patrimoniale nascente dal suo matrimonio o da convenzioni matrimoniali, non sono in alcun modo aggredibili né dai suoi creditori personali né dai creditori del Disponente.

Art. 4 Scopo del trust. Scopo del trust è assicurare a …………………, nata a ……………, il ………….. e …………………….. nato a …………………, il ……………., residenti entrambi in ……………………, ……………, una autonomia economico, patrimoniale e finanziaria agli stessi, vita natural durante.

Il trust è istituito per assicurare il mantenimento di un eccellente tenore di vita mediante l'uso diretto ed i redditi eventualmente ricavati dall'impiego del patrimonio del trust.

Qualunque interessato anche moralmente, oltre al Disponente e al Fiduciario, potrà agire e intervenire perché sia dato adempimento allo scopo del trust.

Quando il trust avrà esaurito il suo scopo, per raggiungimento da parte dei beneficiari di un'autonomia economica in grado di soddisfare lo scopo del trust, il Fiduciario sotto la supervisione del Guardiano provvederà all'assegnazione dei beni del trust. Il Fiduciario dovrà disporre dei beni in favore dei beneficiari.

Art. 5 Beneficiari. Il Disponente nomina sin d'ora quale Beneficiari dei beni del trust ……………………, nata a ……………. il ………….. e ………………… nato a ……….., il ………….., residenti entrambi in ………………………………..

La nomina e la revoca dei Beneficiari è riservata all'insindacabile scelta del Disponente sino a quando esso sia in vita e sia capace di intendere e di volere.

I Beneficiari non possono alienare alcun proprio diritto nel corso della durata del trust né in alcun altro modo disporne, né tali diritti entrano nella massa fallimentare in caso di fallimento o insolvenza di un Beneficiario né su di essi possono essere compiuti atti di esecuzione.

Art. 6 Poteri del Fiduciario. Il Fiduciario ha capacità processuale attiva e passiva in relazione ai beni del trust.

Esso può comparire nella sua qualità di Fiduciario dinanzi a notai e a qualunque pubblica autorità senza che mai si possa eccepirgli mancanza o indeterminatezza di poteri.

L'ufficio di Fiduciario non è remunerato.

Il Fiduciario potrà:

- delegare a professionisti e/o consulenti l'amministrazione dei beni del trust;
- delegare a terzi il compimento di singole attività per un tempo determinato.

Il Fiduciario deve tenere i beni del trust separati dai propri, in particolare:

- tutte le volte che si tratti di beni o diritti iscritti o iscrivibili in registri pubblici o privati il Fiduciario è tenuto a richiederne l'iscrizione o nella sua qualità di Fiduciario o a nome del trust o con qualunque altra modalità che riveli l'esistenza del trust;
- i rapporti bancari istituiti dal Fiduciario e tutti i contratti da lui stipulati dovranno essere intestati o al trust o a lui medesimo.

Il Fiduciario consegna annualmente al Disponente l'inventario dei beni del trust, unitamente ad una relazione sull'amministrazione. Ove il Disponente lo richieda, il Fiduciario deve sottoporsi ad una verifica contabile e amministrativa, condotta da uno o più professionisti abilitati, nominato/i dal Disponente e compensato/i dal trust.

Nell'esercizio della propria discrezionalità il Fiduciario terrà conto dei desideri del Disponente, come manifestati verbalmente o per iscritto.

Salve le disposizioni e le limitazioni espresse in quest'atto, la discrezionalità del Fiduciario rimane tuttavia piena.

Nel corso della Durata del trust il Fiduciario può, per quanto riguarda beni immobili inclusi nel Fondo in trust, consentire ad uno o più Beneficiari, attuale, di averne il possesso o il godimento alle condizioni che il Fiduciario ritenga opportune, previo parere vincolante del Guardiano.

Art. 7 Successione del Fiduciario. Il Fiduciario rimane nell'ufficio fino alla propria morte, sopravvenuta incapacità, revoca o dimissioni.

(oppure) Esso può essere revocato in ogni tempo, per mezzo di atto scritto, dal Disponente, il quale disporrà per la nuova nomina.

In caso di decesso del Disponente e di morte, sopravvenuta incapacità, revoca o dimissioni del Fiduciario, il Fiduciario è nominato dal Guardiano.

(oppure) Le dimissioni del Fiduciario hanno effetto 30 giorni dopo che lo stesso ne abbia dato comunicazione scritta al Disponente.

Art. 8 Legge regolatrice. Il trust è regolato dalla legge inglese. I diritti, le obbligazioni e la responsabilità del Fiduciario sono disciplinate cumulativamente dalla legge inglese e dalla legge italiana.

Per l'applicazione della Legge italiana il Fiduciario è considerato quale gestore di beni che, sebbene di sua proprietà, siano destinati a soddisfare esclusivamente interessi altrui e a essere trasferiti ai Beneficiari.

Art. 9 Forma degli atti. Tutti gli atti che regolamentano o siano modificativi del trust devono rivestire la forma autentica o pubblica a pena di inefficacia.

Art. 10 Reddito del trust. Il reddito del trust, assolto ogni costo relativo all'amministrazione dei beni del trust ed ogni altro costo inerente il trust e al raggiungimento dello scopo indicato all'art. 3 del presente atto, dovrà essere dal Fiduciario mantenuto nel trust.

Art. 11 Luogo dell'amministrazione del trust. Il luogo dell'amministrazione del trust è fissato in ……………., via …………….. .

Ogni atto, contabilità e documento del trust dovrà essere custodito nel luogo dell'amministrazione.

Art. 12 Libro degli eventi. Il Fiduciario è obbligato a istituire, custodire ed aggiornare il "Libro degli eventi del trust", vidimato dal medesimo Notaio che autentica le sottoscrizioni di questa scrittura.

Il Fiduciario registrerà in tale libro ogni avvenimento del quale ritenga opportuno conservare la memoria.

In ogni caso il Fiduciario annoterà gli estremi e il contenuto di qualsiasi atto per il quale la forma autentica sia prescritta in questa scrittura o del quale sia comunque opportuno prevenire la dispersione e manterrà una raccolta completa di tali atti.

Chiunque contragga con il Fiduciario è legittimato a fare pieno affidamento sulle risultanze del "Libro degli eventi del trust".

Art. 13 Il Guardiano. Il poteri del Guardiano sono fiduciari e non personali. È nominato dal Disponente e da questi revocato. In caso di morte del Disponente è nominato dai Beneficiari stessi o in ultima istanza dal Fiduciario.

Il Guardiano:

- può esprimere la propria opinione su qualsiasi attività del trust anche se non ne sia richiesto dal Fiduciario, oltre che per attività previste dal presente strumento;
- ha diritto di agire in giudizio:

- per l'esecuzione del trust e in caso di inadempimento delle obbligazioni del Fiduciario;

- in caso di violazione della legge regolatrice del trust o della legge applicabile a uno specifico atto del Fiduciario. Il Guardiano può ricevere un compenso per i suoi servizi, periodicamente convenuto, con il Disponente e successivamente con il Fiduciario. Le spese sostenute dal Guardiano per l'adempimento delle sue funzioni sono a carico del trust. Il Guardiano rimane nell'ufficio per il termine, o fino a dimissioni o, revoca o:

- se persona fisica: fino a morte o sopravvenuta incapacità;
- se persona giuridica: fino a messa in liquidazione o inizio di alcuna procedura concorsuale.

Art. 14 Modificazioni. Il Disponente e dopo la morte o sopravvenuta incapacità del Disponente il Fiduciario, ottenuto il consenso del Guardiano, può modificare questo trust, tranne gli articoli riguardanti:

- Scopo del trust – art. 4
- Beneficiari – art. 5

Questo trust è stato redatto da ...., in cui sia il Disponente che il Notaio autenticante ripongono piena fiducia.

Le spese del presente atto inerenti e conseguenti sono a carico del trust.

Firma

www.ingramcontent.com/pod-product-compliance
Ingram Content Group UK Ltd.
Pitfield, Milton Keynes, MK11 3LW, UK
UKHW022016190726
13853UKWH00005B/1964

9 788861 745537